みんなの日本語

初級II 第2版

Minna no Nihongo

Giapponese elementare II
Traduzione e Note grammaticali – Italiano

翻訳・文法解説
イタリア語版

スリーエーネットワーク

© 2014 by 3A Corporation

All rights reserved. No part of this publication may be reproduced, stored in a retrieval system or transmitted in any form or by any means, electronic, mechanical, photocopying, recording, or otherwise, without the prior written permission of the Publisher.

Published by 3A Corporation.
Trusty Kojimachi Bldg., 2F, 4, Kojimachi 3-Chome, Chiyoda-ku, Tokyo 102-0083, Japan

ISBN978-4-88319-697-5 C0081

First published 2014
Printed in Japan

PREFAZIONE

Il volume **Minna no Nihongo** è un testo didattico per l'apprendimento della lingua giapponese che, come recita il titolo "il giapponese per tutti", è stato realizzato con lo scopo di permettere a chi inizia lo studio del giapponese di imparare divertendosi, e a chi invece il giapponese lo insegna, di tenere delle lezioni interessanti. Frutto di tre anni di ricerca e progettazione è questo il testo perfetto da affiancare a **Shin Nihongo no Kiso**.

Come forse saprete, **Shin Nihongo no Kiso** è un manuale indirizzato principalmente ai tirocinanti tecnici, ma che, grazie alla particolare organizzazione dei suoi contenuti, può essere facilmente utilizzato anche come testo didattico di livello base per gli apprendenti che intendono acquisire in breve tempo una sufficiente capacità di conversazione. Grazie alla sua estrema usabilità ed efficacia questo testo viene oggi largamente utilizzato sia in Giappone che all'estero.

In questi ultimi anni l'insegnamento della lingua giapponese si è fatto sempre più variegato: se da una parte lo sviluppo delle relazioni internazionali ha portato a un approfondimento degli scambi tra il Giappone e l'estero, sono invece sempre di più gli stranieri che, con i più disparati background e obiettivi, si trovano immersi nelle diverse realtà socio-territoriali giapponesi. Questo aumento di cittadini stranieri ha comportato un mutamento negli ambienti sociali orbitanti attorno all'insegnamento della lingua giapponese, arrivando a influenzare anche le singole realtà educative; per questo motivo oggi si rende necessario dare una risposta precisa al continuo variegarsi delle esigenze di studio.

È quindi in questo scenario che 3A Corporation decide di pubblicare **Minna no Nihongo**, in risposta alle richieste e ai suggerimenti raccolti negli anni dalle moltissime persone che, sia in Giappone che all'estero, si sono trovate ad affrontare le difficoltà dell'insegnamento della lingua giapponese. In altre parole **Minna no Nihongo**, mentre da un lato sfrutta la chiarezza espositiva e il metodo di apprendimento caratteristici di **Shin Nihongo no Kiso**, dall'altro risponde al continuo variegarsi degli apprendenti, offrendo per esempio diverse situazioni di conversazione con vari personaggi. Si presenta così come un testo dall'alta praticità, ricco di contenuti e di idee, che rende piacevole lo studio del giapponese superando gli ostacoli costituiti dalle particolarità culturali dei vari apprendenti, sia in Giappone che all'estero.

Minna no Nihongo si rivolge a tutti gli stranieri che hanno un bisogno immediato di comunicare in giapponese in situazioni come il lavoro, la famiglia, la scuola, il territorio. Nonostante questo sia un libro pensato per i principianti, abbiamo cercato di rispecchiare il più possibile la situazione attuale e la vita sociale e quotidiana in Giappone, attraverso le varie interazioni tra giapponesi e stranieri presenti nel testo. Anche se il target principale del volume è il grande pubblico, il suo utilizzo è ovviamente consigliato anche come testo per corsi intensivi di ingresso a università, per scuole di specializzazione o per percorsi di preparazione agli studi.

È nostra ferma intenzione continuare a proporre anche in futuro materiali didattici sempre nuovi e aggiornati, che possano rispondere alle singole esigenze di apprendenti e di situazioni sempre più differenziate, fiduciosi del supporto dei nostri lettori.

Vogliamo infine esprimere la nostra profonda gratitudine a quanti, da ogni parte del mondo, ci hanno offerto il loro contributo sotto forma di idee e suggerimenti. Ci auguriamo che la 3A Corporation possa continuare anche in futuro a favorire l'interazione tra le persone di tutto il mondo attraverso la pubblicazione di materiale didattico per lo studio del giapponese. Certi del vostro supporto e incoraggiamento.

Giugno 1998
Iwao Ogawa
Presidente e amministratore delegato
3A Corporation

INTRODUZIONE ALLA SECONDA EDIZIONE
— A proposito della pubblicazione di *Minna no Nihongo Shokyu (2° ediz.)* —

Quella che avete tra le mani è la seconda edizione di **Minna no Nihongo Shokyu** che, come già spiegato nell'introduzione alla prima edizione, è un libro di testo pensato come pubblicazione gemella di **Shin Nihongo no Kiso**, il manuale per i tirocinanti tecnici.

Questo libro è stato dato alle stampe per la prima volta nel marzo 1998, in un periodo in cui, parallelamente allo sviluppo delle relazioni internazionali, anche l'ambiente sociale che ruota attorno all'insegnamento della lingua giapponese cambiava velocemente per via della diversificazione delle esigenze e degli obiettivi degli apprendenti, in improvviso aumento, che richiedevano una risposta specifica ai loro bisogni. Con quella pubblicazione 3A Corporation rispondeva così ai suggerimenti e alle richieste pervenute da vari centri di insegnamento della lingua giapponese.

Minna no Nihongo Shokyu è stato utilizzato per più di dieci anni da quegli apprendenti che desideravano fare in breve tempo pratica di conversazione giapponese, e che riconoscevano la buona efficacia di questo testo, dovuta alla chiarezza negli argomenti e negli esercizi, all'alta usabilità per qualsiasi tipo di apprendente, e a un contenuto didattico ben bilanciato. Tuttavia, la "lingua" è qualcosa che cambia con il passare del tempo. Recentemente il Giappone, come altre parti del mondo, è stato protagonista di grandi cambiamenti, e anche la situazione che circonda la lingua giapponese e i suoi apprendenti si è modificata sensibilmente negli ultimi anni.

Proprio per questi motivi la nostra casa editrice pubblica questa seconda edizione di **Minna no Nihongo Shokyu I - II**, correggendone alcune parti e integrandola con la grande mole di suggerimenti e domande che abbiamo ricevuto dagli studenti e dagli insegnanti, nonché con l'esperienza editoriale e di ricerca accumulata; tutto questo nella speranza di poter contribuire ulteriormente allo sviluppo della didattica della lingua giapponese.

Le due principali correzioni riguardano il miglioramento dell'applicabilità della lingua, e l'aggiornamento di quelle parole e situazioni che non sono più al passo coi tempi. Facendo tesoro dei suggerimenti di apprendenti e insegnanti di giapponese, abbiamo aggiunto nuovi esercizi e attività mantenendo intatta la caratteristica di testo "facile da studiare, facile da insegnare". Quelle che proponiamo non sono le tipiche esercitazioni passive che si limitano alla ripetizione di schemi dati, bensì un sistema che stimoli a migliorare la produzione linguistica attraverso il ragionamento individuale e la comprensione del contesto. Per questo motivo, largo spazio è stato dato alle illustrazioni.

Infine vogliamo esprimere la nostra profonda gratitudine a quanti, da diverse parti del mondo, ci hanno concesso la loro preziosa collaborazione condividendo con noi opinioni e suggerimenti elaborati durante le lezioni. Ci auguriamo di poter continuare anche in futuro, attraverso la realizzazione di materiali didattici che risultino utili per chiunque, a dare il nostro contributo, non solo agli apprendenti che hanno la necessità di comunicare in giapponese, ma anche a tutte quelle persone impegnate nelle attività di scambio internazionale. Confidando sempre più nel vostro prezioso supporto e incoraggiamento.

Gennaio 2013
Takuji Kobayashi
Presidente e amministratore delegato
3A Corporation

COME UTILIZZARE QUESTO LIBRO

I. Composizione del libro

Minna no Nihongo Shokyu II (2° ediz.) è composto dal Volume principale (con CD) e dal volume Traduzione – Note grammaticali. Al momento è prevista la pubblicazione del volume Traduzione – Note grammaticali tradotto in 12 lingue.

Questo testo didattico è stato realizzato con l'obiettivo di permettere una preparazione nelle quattro abilità linguistiche: parlare, ascoltare, leggere e scrivere. Il solo aspetto che non è trattato nel Volume principale e nel volume Traduzione – Note grammaticali è una guida alla lettura e scrittura di hiragana, katakana e kanji.

II. Contenuto del libro

1. Volume principale

1) Lezioni principali

Le lezioni dalla 26 alla 50 contenute in questa parte costituiscono il seguito delle prime 25 lezioni del volume *Minna no Nhongo Shokyu I (2° ediz.)*, e il contenuto di ognuna è suddiviso come segue:

① Frasi modello

Presentano la forma base studiata in quella Lezione.

② Frasi di esempio

Mostrano in che modo le forme base vengono utilizzate realmente attraverso brevi dialoghi. Inoltre presenta elementi di studio aggiuntivi oltre alle forme base, come l'utilizzo di nuovi avverbi o congiunzioni.

③ Conversazione

Nelle conversazioni fanno la loro comparsa cittadini stranieri che vivono in Giappone, e vengono messe in scena varie situazioni. Queste sono costruite in modo complementare al contenuto didattico delle varie Lezioni tramite l'utilizzo di frasi idiomatiche ed espressioni tipiche della comunicazione quotidiana. Volendo, è anche possibile sviluppare ulteriormente l'esercizio di conversazione servendosi del vocabolario contenuto in Traduzione – Note grammaticali.

④ Esercizi

Gli esercizi sono divisi in tre tipi: A, B, e C.

Gli esercizi A hanno una componente grafica che facilita la comprensione delle strutture grammaticali. Questo, oltre ad aiutare lo studente a fissare le forme base, rende più semplice l'apprendimento delle coniugazioni e dell'uso delle congiunzioni.

Negli esercizi di tipo B si cerca di rafforzare la memorizzazione delle forme base attraverso esercitazioni di vario tipo. I numeri degli esercizi contrassegnati da (➡) indicano l'utilizzo di illustrazioni.

Gli esercizi di tipo C servono a sviluppare la capacità di comunicazione. L'obiettivo è di costruire una conversazione sostituendo i termini sottolineati nel dialogo dato con termini appropriati a una diversa situazione. Affinché questo non diventi una meccanica sostituzione di parole, gli apprendenti devono cercare di sostituire i termini indicati nelle frasi modello con elementi che riguardino la loro situazione personale, espandendo il contenuto e sviluppando ulteriormente la conversazione.

Le soluzioni degli esercizi di tipo B e C sono riportate in una sezione a parte.

⑤ Problemi

I problemi si dividono in: problemi di ascolto, problemi di grammatica, problemi di comprensione del testo e problemi di sviluppo. Per l'ascolto abbiamo problemi in cui si deve rispondere direttamente a una breve domanda e problemi in cui si devono afferrare i punti chiave di un breve dialogo. I problemi grammaticali servono a verificare la comprensione dei vocaboli e degli elementi grammaticali. Nei problemi di comprensione del testo, gli apprendenti leggono un brano che include vocaboli e forme grammaticali studiate in precedenza, e svolgono varie operazioni linguistiche relative al contenuto dello stesso. Inoltre, con i problemi di sviluppo, gli apprendenti dovranno scrivere e parlare riguardo ad argomenti connessi al brano. A differenza del primo volume, le Letture (*yomimono*) contenute in *Minna no Nihongo Shokyu II* sono scritte senza alcuno spazio tra le parole, per abituare progressivamente gli apprendenti alla lettura del giapponese standard. In determinate parti del volume gli spazi saranno comunque utilizzati a scopo didattico.

⑥ Ripasso

Pensato per permettere il riordino dei punti fondamentali degli elementi didattici di ogni Lezione.

⑦ Riepilogo degli avverbi, congiunzioni, espressioni parlate

Fornisce dei problemi finalizzati alla riorganizzazione mentale di avverbi, congiunzioni ed espressioni parlate presenti in questo libro.

2) **Tabelle dei verbi**

Questa sezione riunisce le forme dei verbi utilizzati in questo libro (incluso *Shokyu I*), insieme a vari suffissi aggiunti ai verbi stessi.

3) **Lista degli elementi didattici**

Gli elementi didattici presentati in questo libro sono qui ordinati secondo gli esercizi di tipo A, in modo che l'apprendente possa comprendere come questi si collegano alle frasi modello, alle frasi di esempio e agli esercizi di tipo B e C.

4) **Indice**

L'indice include tutti i vocaboli ed espressioni presentati dalla Lezione 1 alla Lezione 50, insieme al numero della lezione in cui compaiono la prima volta.

5) **Il CD incluso**

Nel CD incluso al Volume principale sono registrate le conversazioni di tutte le lezioni e i problemi di ascolto.

2. Traduzione – Note grammaticali

Dalla Lezione 26 alla Lezione 50:
① traduzione dei nuovi vocaboli
② traduzione delle frasi modello, frasi di esempio e conversazioni
③ vocaboli aggiuntivi utili allo studio di quella lezione e breve presentazione di varie situazioni in Giappone
④ spiegazioni grammaticali su frasi modello ed espressioni

III. Tempo necessario alla didattica

Da 4 a 6 ore per lezione, per un totale di 150 ore.

IV. Vocaboli

Circa 1.000 vocaboli, con particolare attenzione a quelli usati più frequentemente nella vita quotidiana.

V. Notazione

I kanji seguono come regola generale lo standard fissato dalla Tabella di kanji di uso comune (Joyo Kanji) (1981, Bollettino del Consiglio dei Ministri).

1) Tra le letture composte (熟字訓, assembramenti di due o più kanji con una lettura particolare), si utilizza la scrittura in kanji per quelli indicati nelle Tabelle di appendice della Tabella di kanji di uso comune (Joyo Kanji).

   Es. 友達 amico   果物 frutta   眼鏡 occhiali

2) Per i nomi propri come nomi di stati o toponimi, oppure per termini specifici di arte e cultura si utilizzano anche kanji e letture che non sono presenti nella Tabella di kanji di uso comune (Joyo Kanji).

   Es. 大阪 Osaka   奈良 Nara   歌舞伎 kabuki

3) Per facilitare la leggibilità, si utilizzano anche scritture in kana.

   Es. ある(有る・在る) avere, esserci   たぶん(多分) forse
   きのう(昨日) ieri

4) I numeri in generale vengono scritti con cifre arabe.

 Es. 9時 ore nove 4月1日 primo aprile 1つ uno

VI. Varie

1) Le parti di una frase che possono essere omesse sono racchiuse tra parentesi quadre [ ].

 Es. 父は 54[歳]です。 Mio padre ha 54 anni.

2) Nel caso esistano altre espressioni alternative, queste sono racchiuse tra parentesi tonde ( ).

 Es. だれ(どなた) chi

PER UN UTILIZZO EFFICACE

1. Memorizzare le parole
In Traduzione – Note grammaticali sono riportate tutte le nuove parole e la loro traduzione in italiano, divise per Lezione. È più facile memorizzare le nuove parole se le utilizzate in esercizi come la composizione di brevi frasi.

2. Esercitarsi sulle frasi modello
Svolgete gli Esercizi A e B a voce alta fino a padroneggiare il corretto significato delle frasi modello e la forma della frase.

3. Esercitarsi sulla conversazione
Gli Esercizi C presentano brevi conversazioni autoconclusive. Senza limitarsi all'esercitazione dei pattern, continuate il discorso in modo da rendere la conversazione più completa. Nelle Conversazioni vengono presentate scene che possiamo ritrovare nella vita reale di tutti i giorni. Mentre ascoltate il CD, provate ad accompagnare l'esecuzione vocale con i gesti del corpo e la mimica, in questo modo sarà più facile abituarsi naturalmente al giusto ritmo.

4. Fare delle verifiche
Alla fine di ogni Lezione ci sono dei Problemi. Verificate se avete compreso correttamente il contenuto della lezione con questi Problemi.

5. Provare a parlare realmente
Provate a parlare con dei giapponesi utilizzando il giapponese che avete appreso. Cercate di utilizzare al più presto quanto avete studiato. È questa la scorciatoia per migliorare in fretta.

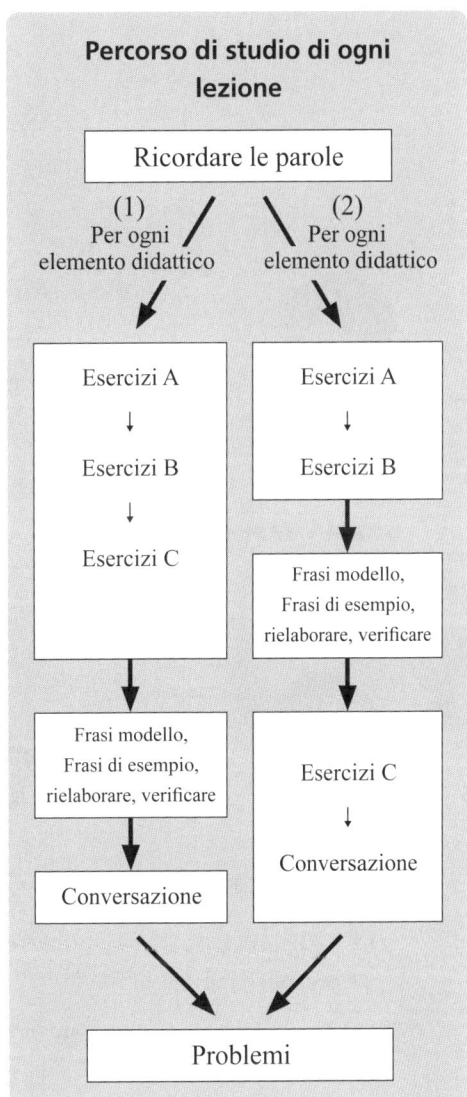

Potete seguire il percorso di studio (1) oppure (2). Per essere sicuri di aver studiato tutti i punti fondamentali, controllate la Lista degli elementi didattici alla fine del libro.

PERSONAGGI

Mike Miller
Americano,
impiegato della IMC

Suzuki Yasuo
Giapponese,
impiegato della IMC

Nakamura Akiko
Giapponese,
capo sezione commerciale

Lee Jin Ju
Coreana,
ricercatrice dell'AKC

Thawaphon
Tailandese,
studente dell'Università Sakura

Karina
Indonesiana, studentessa
dell'Università Fuji

Ogawa Hiroshi
Giapponese,
vicino di casa di Mike Miller

Ogawa Yone
Giapponese,
madre di Ogawa Hiroshi

Ogawa Sachiko
Giapponese,
impiegata

Karl Schmidt
Tedesco,
ingegnere della Power Denki

Klara Schmidt
Tedesca,
insegnante di lingua tedesca

Ito Chiseko
Giapponese, maestra della scuola elementare Himawari, responsabile della classe di Hans Schmidt

Watanabe Akemi
Giapponese, impiegata della Power Denki

Takahashi Toru
Giapponese, impiegato della Power Denki

Hayashi Makiko
Giapponese, impiegata della Power Denki

John Watt
Inglese, professore di lingua inglese all'Università Sakura

Matsumoto Tadashi
Giapponese, capo dipartimento della IMC (sede di Osaka)

Matsumoto Yoshiko
Giapponese, casalinga

Hans
Tedesco, studente delle elementari (12 anni), figlio di Karl e Klara Schmidt

Gupta
Indiano,
impiegato della IMC

Kimura Izumi
Giapponese, annunciatrice

※ IMC (compagnia di software)
※ AKC (アジア研究センター：Centro Ricerche Asia)

SOMMARIO

NOTE GRAMMATICALI, PAROLE E INFORMAZIONI UTILI DI
みんなの日本語　初級Ⅰ　第2版 2
TERMINI USATI NELLE SPIEGAZIONI 6
ABBREVIAZIONI E SIMBOLI 7

Lezione 26 8

Ⅰ. Vocaboli
Ⅱ. Traduzione
　　Frasi modello e frasi di esempio
　　Conversazione:
　　　La spazzatura dove la posso lasciare?
Ⅲ. Parole e informazioni utili
　　　Come gettare i rifiuti

Ⅳ. Note grammaticali
1. V / Agg-い 〉 forma piana
   Agg-な / N 〉 forma piana ～だ→～な 〉 んです
2. V forma-て いただけませんか
3. Interrogativo V forma-たら いいですか
4. N (oggetto) は { 好きです／嫌いです
   上手です／下手です
   あります, etc.

Lezione 27 14

Ⅰ. Vocaboli
Ⅱ. Traduzione
　　Frasi modello e frasi di esempio
　　Conversazione:
　　　Sa costruire qualsiasi cosa!
Ⅲ. Parole e informazioni utili
　　　Negozi nei dintorni

Ⅳ. Note grammaticali
1. Verbi potenziali
2. Frasi in cui si possono usare i Verbi potenziali
3. 見えます e 聞こえます
4. できます
5. しか
6. Nは (contrasto)
7. は utilizzato per evidenziare una parola seguita da particella

Lezione 28 20
I. Vocaboli
II. Traduzione
   Frasi modello e frasi di esempio
   Conversazione:
   Ho molti viaggi di lavoro, e ho anche un esame......
III. Parole e informazioni utili
   Prendere in affitto una casa
IV. Note grammaticali
   1. V₁ (forma-ます) ながら V₂
   2. V forma-て います
   3. Forma piana し、forma piana し、〜
   4. それで
   5. 〜 とき + particella

Lezione 29 26
I. Vocaboli
II. Traduzione
   Frasi modello e frasi di esempio
   Conversazione:
   Ho dimenticato una cosa
III. Parole e informazioni utili
   Condizioni e aspetto
IV. Note grammaticali
   1. V forma-て います
   2. V forma-て しまいました／しまいます
   3. N (luogo) に 行きます／来ます／帰ります
   4. それ／その／そう
   5. ありました
   6. どこかで／どこかに

Lezione 30 32
I. Vocaboli
II. Traduzione
   Frasi modello e frasi di esempio
   Conversazione:
   Devo lasciare pronto lo zaino di sopravvivenza
III. Parole e informazioni utili
   In caso di emergenza
IV. Note grammaticali
   1. V forma-て あります
   2. V forma-て おきます
   3. まだ + affermativo
   4. とか
   5. Particella di caso + も

Lezione 31 38
I. Vocaboli
II. Traduzione
   Frasi modello e frasi di esempio
   Conversazione:
   Pensavo di imparare a cucinare
III. Parole e informazioni utili
   Specializzazioni di studio
IV. Note grammaticali
   1. Forma volitiva
   2. Uso della forma volitiva
   3. V forma diz. / V (forma-ない) ない } つもりです
   4. V forma diz. / Nの } 予定です
   5. まだ V forma-て いません
   6. 帰ります － 帰り

Lezione 32 — 44

Ⅰ. Vocaboli
Ⅱ. Traduzione
 Frasi modello e frasi di esempio
 Conversazione:
  È meglio che non si sforzi
Ⅲ. Parole e informazioni utili
  Previsioni del tempo

Ⅳ. Note grammaticali
1. V forma-た / V(forma-ない)ない } ほうが いいです
2. V / Agg-い } forma piana / Agg-な } forma piana / N } 〜だ } でしょう
3. V / Agg-い } forma piana / Agg-な } forma piana / N } 〜だ } かも しれません
4. V(forma-ます)ましょう
5. Quantificatore で
6. 何か 心配な こと

Lezione 33 — 50

Ⅰ. Vocaboli
Ⅱ. Traduzione
 Frasi modello e frasi di esempio
 Conversazione:
  Questo che cosa significa?
Ⅲ. Parole e informazioni utili
  Segnali

Ⅳ. Note grammaticali
1. Forma imperativa / Forma proibitiva
2. Uso dell'imperativo e del proibitivo
3. 〜と 書いて あります／〜と 読みます
4. XはYという 意味です
5. "Frase" / Forma piana } と 言って いました
6. "Frase" / Forma piana } と 伝えて いただけませんか

Lezione 34 — 56

Ⅰ. Vocaboli
Ⅱ. Traduzione
 Frasi modello e frasi di esempio
 Conversazione:
  Fate per favore come ho fatto io
Ⅲ. Parole e informazioni utili
  Cucina

Ⅳ. Note grammaticali
1. V₁ forma-た / Nの } とおりに、V₂
2. V₁ forma-た / Nの } あとで、V₂
3. V₁ forma-て / V₁(forma-ない)ないで } V₂

Lezione 35 — 62

I. Vocaboli
II. Traduzione
　Frasi modello e frasi di esempio
　Conversazione:
　　Non c'è un posto bello da qualche parte?
III. Parole e informazioni utili
　　Proverbi

IV. Note grammaticali
1. Come costruire la forma condizionale
2. Forma condizionale、～
3. Interrogativo V forma condiz. いいですか
4. N なら、～
5. ～は ありませんか (frase interrogativa negativa)

Lezione 36 — 68

I. Vocaboli
II. Traduzione
　Frasi modello e frasi di esempio
　Conversazione:
　　Sto cercando di fare movimento tutti i giorni
III. Parole e informazioni utili
　　Salute

IV. Note grammaticali
1. V₁ forma diz.
　V₁ (forma-ない)ない　} ように、V₂
2. V forma diz. ように なります
3. V forma diz.
　V (forma-ない)ない　} ように します
4. 早い→早く　　上手な→上手に

Lezione 37 — 74

I. Vocaboli
II. Traduzione
　Frasi modello e frasi di esempio
　Conversazione:
　　Il Kinkakuji fu costruito nel XIV secolo
III. Parole e informazioni utili
　　Incidenti e fatti di cronaca

IV. Note grammaticali
1. Verbi passivi
2. N₁ (persona₁) は　N₂ (persona₂) に　V passivo
3. N₁ (persona₁) は　N₂ (persona₂) に　N₃ を　V passivo
4. N (oggetto/fatto) が／は　V passivo
5. N から／N で　つくります
6. N₁ の　N₂
7. この／その／あの　N (posizione)

Lezione 38 80

Ⅰ. Vocaboli
Ⅱ. Traduzione
   Frasi modello e frasi di esempio
   Conversazione:
   È che mi piace mettere a posto
Ⅲ. Parole e informazioni utili
   Posizione

Ⅳ. Note grammaticali
1. Sostantivare con の
2. V forma diz. のは Agg です
3. V forma diz. のが Agg です
4. V forma diz. のを 忘れました
5. V forma piana のを 知って いますか
6. $\left.\begin{array}{l} \text{V} \\ \text{Agg-い} \\ \text{Agg-な} \\ \text{N}_1 \end{array}\right\}$ $\left.\begin{array}{l} \text{forma piana} \\ \text{forma piana} \\ \sim だ \rightarrow \sim な \end{array}\right\}$ のは N₂ です

Lezione 39 86

Ⅰ. Vocaboli
Ⅱ. Traduzione
   Frasi modello e frasi di esempio
   Conversazione: **Scusi per il ritardo**
Ⅲ. Parole e informazioni utili
   Sentimenti

Ⅳ. Note grammaticali
1. ～て(で)、～
2. $\left.\begin{array}{l} \text{V} \\ \text{Agg-い} \\ \text{Agg-な} \\ \text{N} \end{array}\right\}$ $\left.\begin{array}{l} \text{forma piana} \\ \text{forma piana} \\ \sim だ \rightarrow \sim な \end{array}\right\}$ ので、～
3. 途中で

Lezione 40 92

Ⅰ. Vocaboli
Ⅱ. Traduzione
   Frasi modello e frasi di esempio
   Conversazione:
   Sono preoccupata se si sia fatto degli amici oppure no
Ⅲ. Parole e informazioni utili
   Unità, linee, figure e motivi

Ⅳ. Note grammaticali
1. $\left.\begin{array}{l} \text{V} \\ \text{Agg-い} \\ \text{Agg-な} \\ \text{N} \end{array}\right\}$ $\left.\begin{array}{l} \text{forma piana} \\ \text{forma piana} \\ \sim だ \end{array}\right\}$ か、～
2. $\left.\begin{array}{l} \text{V} \\ \text{Agg-い} \\ \text{Agg-な} \\ \text{N} \end{array}\right\}$ $\left.\begin{array}{l} \text{forma piana} \\ \text{forma piana} \\ \sim だ \end{array}\right\}$ か どうか、～
3. V forma-て みます
4. Agg-い (～い)→～さ
5. ～でしょうか

Lezione 41 98

I. Vocaboli
II. Traduzione
   Frasi modello e frasi di esempio
   Conversazione:
   Congratulazioni per il matrimonio!
III. Parole e informazioni utili
   Informazioni utili
IV. Note grammaticali
   1. Espressioni di dare e ricevere
   2. Fare e ricevere azioni
   3. V forma-て くださいませんか
   4. Nに V

Lezione 42 104

I. Vocaboli
II. Traduzione
   Frasi modello e frasi di esempio
   Conversazione:
   Per cosa usa la tredicesima?
III. Parole e informazioni utili
   Articoli per ufficio e attrezzi da lavoro
IV. Note grammaticali
   1. V forma diz. / Nの ｝ ために、～
   2. V forma diz. の / N ｝ に ～
   3. Quantificatore は／も
   4. ～に よって

Lezione 43 110

I. Vocaboli
II. Traduzione
   Frasi modello e frasi di esempio
   Conversazione:
   Sembra che si diverta
III. Parole e informazioni utili
   Carattere e personalità
IV. Note grammaticali
   1. ～そうです
   2. V forma-て 来ます
   3. V forma-て くれませんか

Lezione 44 116

I. Vocaboli
II. Traduzione
   Frasi modello e frasi di esempio
   Conversazione:
   Me li faccia come in questa foto
III. Parole e informazioni utili
   Dal parrucchiere/barbiere
IV. Note grammaticali
   1. V (forma-ます) / Agg-い(～い) / Agg-な[な] ｝ すぎます
   2. V (forma-ます) ｛ やすいです / にくいです
   3. N₁を ｛ Agg-い(～い)→～く / Agg-な[な]→～に / N₂に ｝ します
   4. Nに します

Lezione 45

I. Vocaboli
II. Traduzione
　　Frasi modello e frasi di esempio
　　Conversazione:
　　　Nel caso in cui sbagliassimo percorso, come dobbiamo fare?
III. Parole e informazioni utili
　　　All'ospedale
IV. Note grammaticali
　1. V forma diz.
　　 V (forma-ない)ない
　　 V forma-た
　　 Agg-い(〜い)
　　 Agg-な[な]
　　 Nの
　　 } 場合は、〜
　2. V
　　 Agg-い } forma piana
　　 Agg-な } forma piana
　　 N 　　 〜だ→〜な
　　 } のに、〜

Lezione 46

I. Vocaboli
II. Traduzione
　　Frasi modello e frasi di esempio
　　Conversazione:
　　　Nonostante me l'abbiate appena riparato la settimana scorsa, ancora……
III. Parole e informazioni utili
　　　Le origini delle parole in katakana
IV. Note grammaticali
　1. V forma diz.
　　 V forma-て いる
　　 V forma-た
　　 } ところです
　2. V forma-た ばかりです
　3. V forma diz.
　　 V (forma-ない)ない
　　 Agg-い(〜い)
　　 Agg-な[な]
　　 Nの
　　 } はずです

Lezione 47

I. Vocaboli
II. Traduzione
　　Frasi modello e frasi di esempio
　　Conversazione:
　　　Ho sentito dire che si è fidanzata
III. Parole e informazioni utili
　　　Onomatopee
IV. Note grammaticali
　1. Forma piana そうです
　2. V
　　 Agg-い } forma piana
　　 Agg-な forma piana 〜だ→な
　　 N 　　 forma piana 〜だ→の
　　 } ようです
　3. 声／音／におい／味が します

Lezione 48

I. Vocaboli
II. Traduzione
　　Frasi modello e frasi di esempio
　　Conversazione:
　　　Mi farebbe prendere le ferie?
III. Parole e informazioni utili
　　　Educare e disciplinare
IV. Note grammaticali
　1. Verbi causativi
　2. Frasi con verbi causativi
　3. Come si usano i verbi causativi
　4. V causativo forma-て いただけませんか

Lezione 49 — 146

Ⅰ. Vocaboli
Ⅱ. Traduzione
   Frasi modello e frasi di esempio
   Conversazione:
   Porga i miei saluti
Ⅲ. Parole e informazioni utili
   Feste stagionali

Ⅳ. Note grammaticali
   1. 敬語（けいご）（Linguaggio onorifico）
   2. 尊敬語（そんけいご）（Forma onorifica）
   3. Linguaggio onorifico e stile della frase
   4. 〜まして
   5. 〜ますので

Lezione 50 — 152

Ⅰ. Vocaboli
Ⅱ. Traduzione
   Frasi modello e frasi di esempio
   Conversazione:
   Ringrazio di cuore
Ⅲ. Parole e informazioni utili
   Come si scrive il destinatario di una lettera o cartolina

Ⅳ. Note grammaticali
   1. 謙譲語Ⅰ（けんじょうご）（Forma umile Ⅰ - verbi）
   2. 謙譲語Ⅱ（けんじょうご）（Forma umile Ⅱ - verbi）

NOTE GRAMMATICALI, PAROLE E INFORMAZIONI UTILI DI
みんなの日本語　初級Ⅰ　第2版

Lezione 1
1. N₁は N₂です
2. N₁は N₂じゃ（では）ありません
3. N₁は N₂ですか
4. N も
5. N₁の N₂
6. ～さん

Parole e informazioni utili
　　Stato, cittadino, lingua

Lezione 2
1. これ／それ／あれ
2. この N／その N／あの N
3. そうです
4. ～か、～か
5. N₁の N₂
6. の　per sostituire un nome
7. お～
8. そうですか

Parole e informazioni utili
　　Cognomi

Lezione 3
1. ここ／そこ／あそこ／こちら／そちら／あちら
2. N は luogo です
3. どこ／どちら
4. N₁の N₂
5. Tabella dei dimostrativi
　　 こ／そ／あ／ど
6. お～

Parole e informazioni utili
　　Ai grandi magazzini

Lezione 4
1. 今 －時－分です
2. Vます／Vません／Vました／Vませんでした
3. N (tempo) に V
4. N₁から N₂まで
5. N₁と N₂
6. ～ね

Parole e informazioni utili
　　Telefono e lettere

Lezione 5
1. N (luogo) へ 行きます／来ます／帰ります
2. どこ[へ]も 行きません／行きませんでした
3. N (mezzo di trasporto) で 行きます／来ます／帰ります
4. N (persone/animali) と V
5. いつ
6. ～よ
7. そうですね

Parole e informazioni utili
　　Festività nazionali

Lezione 6
1. N を V (transitivo)
2. N を します
3. 何を しますか
4. なん e なに
5. N (luogo) で V
6. V ませんか
7. V ましょう
8. ～か

Parole e informazioni utili
　　Cibo

Lezione 7

1. N (strumento/modo)で V
2. "Parola/frase"は ～語で 何ですか
3. N₁ (persona)に N₂を あげます, etc.
4. N₁ (persona)に N₂を もらいます, etc.
5. もう Vました
6. Omissione delle particelle

Parole e informazioni utili
   Famiglia

Lezione 8

1. Aggettivi
2. Nは Agg-な[な]です
   Nは Agg-い(～い)です
3. Agg-な[な] N
   Agg-い(～い) N
4. ～が、～
5. とても／あまり
6. Nは どうですか
7. N₁は どんな N₂ですか
8. そうですね

Parole e informazioni utili
   Colori e sapori

Lezione 9

1. Nが あります／わかります
   Nが 好きです／嫌いです／
   上手です／下手です
2. どんな N
3. よく／だいたい／たくさん／少し／
   あまり／全然
4. ～から、～
5. どうして

Parole e informazioni utili
   Musica, sport e film

Lezione 10

1. Nが あります／います
2. Luogoに Nが あります／います
3. Nは luogoに あります／います
4. N₁ (cose/persone/luoghi)の
   N₂ (posizione)
5. N₁や N₂
6. アジアストアですか

Parole e informazioni utili
   In casa

Lezione 11

1. Numeri e quantità
2. Come usare i quantificatori
3. Quantificatore (periodo di tempo)
   に 一回 V
4. Quantificatoreだけ／Nだけ

Parole e informazioni utili
   Menu

Lezione 12

1. Tempo e forma affermativa/negativa
   delle frasi nominali e con aggettivo-な
2. Tempo e forma affermativa/negativa
   delle frasi con aggettivo-い
3. N₁は N₂より Aggです
4. N₁と N₂と どちらが Aggですか
   ……N₁／N₂の ほうが Aggです
5. N₁[の 中]で 何／どこ／だれ／いつ
   が いちばん Aggですか
   ……N₂が いちばん Aggです
6. Aggの (nome sostituito con の)

Parole e informazioni utili
   Festival e luoghi famosi

Lezione 13
1. Nが 欲しいです
2. V (forma-ます)たいです
3. N (luogo)へ $\begin{Bmatrix} \text{V (forma-ます)} \\ \text{N} \end{Bmatrix}$ に
行きます／来ます／帰ります
4. どこか／何か
5. ご〜

Parole e informazioni utili
   In città

Lezione 14
1. Gruppi di verbi
2. V forma-て
3. V forma-て ください
4. V forma-て います
5. V (forma-ます)ましょうか
6. Nが V
7. すみませんが

Parole e informazioni utili
   Alla stazione

Lezione 15
1. V forma-ても いいですか
2. V forma-ては いけません
3. V forma-て います
4. Nに V
5. N_1に N_2を V

Parole e informazioni utili
   Professioni

Lezione 16
1. Come collegare due o più frasi
2. V_1 forma-てから、V_2
3. N_1は N_2が Agg
4. Nを V
5. どうやって
6. どれ／どの N

Parole e informazioni utili
   Utilizzo del bancomat

Lezione 17
1. V forma-ない
2. V (forma-ない)ないで ください
3. V (forma-ない)なければ なりません
4. V (forma-ない)なくても いいです
5. Rendere un oggetto il tema della frase
6. N (tempo)までに V

Parole e informazioni utili
   Corpo e malattie

Lezione 18
1. Forma del dizionario dei verbi (V forma diz.)
2. $\begin{matrix} \text{N} \\ \text{V forma diz. こと} \end{matrix}$ が できます
3. わたしの 趣味は $\begin{Bmatrix} \text{N} \\ \text{V forma diz. こと} \end{Bmatrix}$ です
4. V_1 forma diz.
   Nの
   Quantificatore (periodo di tempo) $\Big\}$ まえに、V_2
5. なかなか
6. ぜひ

Parole e informazioni utili
   Movimenti

Lezione 19
1. V forma-た
2. V forma-た ことが あります
3. V₁ forma-たり、V₂ forma-たり します
4. Agg-い(〜い)→〜く
   Agg-な[な]→〜に } なります
   Nに

Parole e informazioni utili
   Cultura tradizionale e intrattenimento

Lezione 20
1. Registro cortese e registro piano
2. Uso corretto di registro cortese e registro piano
3. Conversazione con registro piano

Parole e informazioni utili
   Modi di chiamare le persone

Lezione 21
1. Forma piana と 思います
2. "Frase"
   Forma piana } と 言います
3. V
   Agg-い } forma piana
   Agg-な } forma piana
   N   ～だ   } でしょう？
4. N₁ (luogo) で N₂が あります
5. N (occasione) で
6. Nでも V
7. V (forma-ない)ないと……

Parole e informazioni utili
   Istituzioni e cariche

Lezione 22
1. Modificatori del nome
2. V forma diz. 時間／約束／用事
3. V (forma-ます)ましょうか

Parole e informazioni utili
   Abbigliamento

Lezione 23
1. V forma diz.
   V (forma-ない)ない
   Agg-い(〜い)
   Agg-な[な]
   Nの   } とき、～ (frase principale)
2. V forma diz.
   V forma-た   } とき、～ (frase principale)
3. V forma diz. と、～ (frase principale)
4. Nが Agg
5. Nを V di movimento

Parole e informazioni utili
   Strade e traffico

Lezione 24
1. くれます
2. V forma-て { あげます
               もらいます
               くれます
3. N₁は N₂が V

Parole e informazioni utili
   Scambi di regali

Lezione 25
1. Forma piana passata ら、
   ～(frase principale)
2. V forma-たら、～(frase principale)
3. V forma-て
   V (forma-ない)なくて
   Agg-い(〜い)→〜くて
   Agg-な[な]→〜で
   Nで   } も、～(frase principale)
4. もし
5. Soggetto di una frase subordinata

Parole e informazioni utili
   Vita

TERMINI USATI NELLE SPIEGAZIONI

第一課 (だいいっか)	Lezione 一	名詞 (めいし)	nome
文型 (ぶんけい)	Frase modello	動詞 (どうし)	verbo
例文 (れいぶん)	Frase di esempio	自動詞 (じどうし)	intransitivo
会話 (かいわ)	Conversazione	他動詞 (たどうし)	transitivo
練習 (れんしゅう)	Esercizi	形容詞 (けいようし)	aggettivo
問題 (もんだい)	Problema	い形容詞 (いけいようし)	aggettivo-い
答え (こたえ)	Risposta	な形容詞 (なけいようし)	aggettivo-な
読み物 (よみもの)	Lettura	助詞 (じょし)	particella
復習 (ふくしゅう)	Ripasso	副詞 (ふくし)	avverbio
		接続詞 (せつぞくし)	congiunzione
目次 (もくじ)	Sommario	数詞 (すうし)	numerale
		助数詞 (じょすうし)	classificatore
索引 (さくいん)	Indice analitico	疑問詞 (ぎもんし)	interrogativo
文法 (ぶんぽう)	grammatica	名詞文 (めいしぶん)	frase nominale
文 (ぶん)	frase	動詞文 (どうしぶん)	frase verbale
		形容詞文 (けいようしぶん)	frase aggettivale
単語(語) (たんご(ご))	termine		
句 (く)	sintagma	主語 (しゅご)	soggetto
節 (せつ)	proposizione	述語 (じゅつご)	predicato
		目的語 (もくてきご)	complemento oggetto
発音 (はつおん)	pronuncia	主題 (しゅだい)	tema
母音 (ぼいん)	vocale		
子音 (しいん)	consonante	肯定 (こうてい)	affermativo
拍 (はく)	mora	否定 (ひてい)	negativo
アクセント	accento	完了 (かんりょう)	perfettivo
イントネーション	intonazione	未完了 (みかんりょう)	imperfettivo
		過去 (かこ)	passato
[か]行 (ぎょう)	linea か	非過去 (ひかこ)	non-passato
[い]列 (れつ)	colonna い		
		可能 (かのう)	potenziale
丁寧体 (ていねいたい)	stile cortese	意向 (いこう)	volitivo
普通体 (ふつうたい)	stile piano	命令 (めいれい)	imperativo
活用 (かつよう)	coniugazione	禁止 (きんし)	proibitivo
フォーム	forma	条件 (じょうけん)	condizionale
～形 (けい)	forma ～	受身 (うけみ)	passivo
修飾 (しゅうしょく)	modificazione	使役 (しえき)	causativo
例外 (れいがい)	eccezione	尊敬 (そんけい)	onorifico
		謙譲 (けんじょう)	umile

ABBREVIAZIONI E SIMBOLI

1. Simboli usati in "I. Vocaboli"

① ～ indica una parola o una frase mancante.
   Es.　～から 来ました。　Vengo da ～.
② － indica un numero.
   Es.　－歳　(Ho) － anni
③ Le parti del discorso che è possibile omettere sono racchiuse dentro parentesi quadra [　].
   Es.　どうぞ よろしく［お願いします］。　Piacere di conoscerla.
④ Altre espressioni che è possibile usare sono racchiuse dentro parentesi tonda (　).
   Es.　だれ（どなた）　chi
⑤ Parole contrassegnate da (＊) non sono usate in quella Lezione, ma sono presentate comunque perché relative al contenuto della Lezione.
⑥ La sezione 〈会話〉 (Conversazione) presenta le parole ed espressioni usate nella Conversazione di quella Lezione.
⑦ La sezione 〈読み物〉(Lettura) presenta i vocaboli e le espressioni che compaiono nella Lettura di quella Lezione.
⑧ Il simbolo ※ indica un nome proprio.

2. Abbreviazioni usate in "IV. Note grammaticali"

N	nome (名詞)	Es.　がくせい(studente)　つくえ(scrivania)
Agg-い	aggettivo-い (い形容詞)	Es.　おいしい(buono)　たかい(alto)
Agg-な	aggettivo-な (な形容詞)	Es.　きれい［な］(bello) しずか［な］(silenzioso)
V	verbo (動詞)	Es.　かきます(scrivere)　たべます(mangiare)

Lezione 26

I. Vocaboli

みます II	見ます、診ます	guardare, controllare
さがします I	探します、捜します	cercare
おくれます II [じかんに〜]	遅れます [時間に〜]	fare tardi, arrivare in ritardo [a una riunione, un appuntamento, etc.]
まに あいます I [じかんに〜]	間に 合います [時間に〜]	fare in tempo, arrivare in tempo [a una riunione, un appuntamento, etc.]
やります I		fare
ひろいます I	拾います	raccogliere da terra, prendere
れんらくします III	連絡します	comunicare, mettersi in contatto
きぶんが いい*	気分が いい	sentirsi bene, essere di buon umore
きぶんが わるい	気分が 悪い	sentirsi male, essere di cattivo umore
うんどうかい	運動会	evento sportivo, saggio di ginnastica
ぼんおどり	盆踊り	danza tradizionale dell'Obon
フリーマーケット		mercato delle pulci
ばしょ	場所	posto, luogo
ボランティア		volontario
さいふ	財布	portafoglio
ごみ		immondizia, rifiuti
こっかいぎじどう	国会議事堂	Palazzo della Dieta Nazionale
へいじつ	平日	giorno feriale
〜べん	〜弁	dialetto di 〜
こんど	今度	la prossima volta, questa volta
ずいぶん		molto, estremamente, parecchio
ちょくせつ	直接	direttamente
いつでも		in qualsiasi momento
どこでも*		qualsiasi posto, ovunque
だれでも*		qualsiasi persona, chiunque
なんでも*	何でも	qualsiasi cosa
こんな 〜*		〜 come questo
そんな 〜		〜 come quello (oggetto che si trova vicino all'interlocutore)
あんな 〜*		〜 come quello (oggetto che si trova lontano sia dal parlante che dall'interlocutore)
※エドヤストア		nome di un negozio (nome fittizio)

26

〈会話〉

片（かた）づきますⅠ ［荷物（にもつ）が〜］	essere messi in ordine [gli scatoloni]
出（だ）しますⅠ ［ごみを〜］	portare [i rifiuti] al punto di raccolta
燃（も）える ごみ	rifiuti combustibili
置（お）き場（ば）	posto dove lasciare qualcosa
横（よこ）	accanto, di fianco
瓶（びん）	bottiglia (di vetro)
缶（かん）	lattina, barattolo metallico
ガス	gas
〜会社（がいしゃ）	ditta di 〜, azienda di 〜

〈読（よ）み物（もの）〉

宇宙（うちゅう）	cosmo, spazio
〜様（さま）	signor 〜/signora 〜 (forma onorifica di 〜さん)
宇宙船（うちゅうせん）	nave spaziale
怖（こわ）い	avere paura di
宇宙（うちゅう）ステーション	stazione spaziale
違（ちが）いますⅠ	essere diverso
宇宙飛行士（うちゅうひこうし）	astronauta
※星出彰彦（ほしであきひこ）	astronauta giapponese (1968-)

II. Traduzione

Frasi modello
1. È che da domani sono in viaggio.
2. Visto che vorrei imparare l'ikebana, non potrebbe presentarmi un bravo maestro?

Frasi di esempio
1. Sig.na Watanabe, lei ogni tanto usa il dialetto di Osaka, vero? Abitava a Osaka?
   ……Sì, ho abitato a Osaka fino all'età di 15 anni.
2. Sono scarpe dal design interessante! Dov'è che le hai comprate?
   ……Le ho comprate all'Edoya-Store. Sono scarpe spagnole.
3. Perché sei in ritardo?
   ……È che l'autobus non è arrivato.
4. Vai spesso al karaoke?
   ……No, non ci vado spesso. Il karaoke non mi piace.
5. Ho scritto un resoconto in giapponese, non potrebbe controllarmelo un attimo?
   ……Sì, va bene.
6. Vorrei visitare il Palazzo della Dieta Nazionale, come devo fare?
   ……Puoi andarci direttamente. Nei giorni feriali lo si può vedere sempre.

Conversazione

La spazzatura dove la posso lasciare?

Portiere: Sig. Miller, ha già messo a posto gli scatoloni del trasloco?
Miller: Sì, più o meno li ho sistemati.
Senta, vorrei buttare via la spazzatura, dove posso lasciarla?
Portiere: Per quanto riguarda i rifiuti combustibili, li metta fuori il lunedì mattina e il giovedì mattina.
Il posto di raccolta dei rifiuti è di fianco al parcheggio.
Miller: Bottiglie, lattine, eccetera quando sono (da buttare)?
Portiere: Il sabato.
Miller: Ho capito. Ah, un'altra cosa, non esce l'acqua calda……
Portiere: Se si mette in contatto con l'azienda del gas, verranno subito per lei.
Miller: Scusi, non potrebbe darmi il numero di telefono?
Portiere: Certo, va bene.

III. Parole e informazioni utili

ごみの出し方　Come gettare i rifiuti

Al fine di incoraggiare la riduzione e il riciclaggio dei rifiuti, i rifiuti domestici sono divisi per tipi e raccolti in giorni prestabiliti. Il luogo e i giorni di raccolta variano da zona a zona, ma in genere si dividono nel modo seguente.

ごみ収集日のお知らせ
Avviso per la raccolta rifiuti

可燃ごみ（燃えるごみ）
Rifiuti combustibili
生ごみ、紙くずなど
rifiuti organici, carta, etc.

収集日：月曜日・木曜日
Giorni di raccolta: lunedì e giovedì

不燃ごみ（燃えないごみ）
Rifiuti non combustibili
ガラス製品、瀬戸物、金属製台所用品など
vetro, ceramica, utensili da cucina in metallo, etc.

収集日：水曜日
Giorno di raccolta: mercoledì

資源ごみ
Rifiuti riciclabili
缶、瓶、ペットボトルなど
lattine, bottiglie di vetro e di plastica, etc.

収集日：第2、第4火曜日
Giorno di raccolta: secondo e quarto martedì del mese

粗大ごみ
Rifiuti ingombranti
家具、自転車など
mobili, biciclette, etc.

事前申し込み
richiesta ritiro (rifiuti)

IV. Note grammaticali

1.
V	forma piana	
Agg-い	forma piana	んです
Agg-な	forma piana	
N	〜だ→〜な	

   〜んです viene utilizzato nella lingua parlata, mentre nella lingua scritta diventa 〜のです.
   〜んです si utilizza nei casi seguenti.

   1) 〜んですか
      (1) Il parlante chiede conferma o spiegazioni riguardo a qualcosa che ha visto o sentito.
      ① (ぬれた 傘を 持って いる 人を 見て) 雨が 降って いるんですか。
         (Vedendo qualcuno che porta un ombrello bagnato) Ma sta piovendo?
      (2) Il parlante chiede spiegazioni ancora più dettagliate riguardo a ciò che ha visto o sentito.
      ② おもしろい デザインの 靴ですね。どこで 買ったんですか。
         Sono scarpe dal design interessante! Dov'è che le hai comprate?
      (3) Il parlante chiede il perché o le ragioni di ciò che ha visto o sentito.
      ③ どうして 遅れたんですか。　　　Perché sei in ritardo?
      (4) Quando si chiede di spiegare una certa situazione.
      ④ どう したんですか。　　　Cosa è successo?

      [Nota] Fate attenzione a non usare 〜んですか più del necessario, perché questo potrebbe mettere a disagio l'interlocutore.

   2) 〜んです
      (1) Quando si danno spiegazioni in risposta alle domande che finiscono con 〜んですか come (3) o (4) del precedente punto 1).
      ⑤ どうして 遅れたんですか。　　　Perché sei in ritardo?
         ……バスが 来なかったんです。　　　…… È che l'autobus non è arrivato.
      ⑥ どう したんですか。　　　Cosa è successo?
         ……ちょっと 気分が 悪いんです。　　　…… È che mi sento un po' male.
      (2) Quando il parlante aggiunge una spiegazione o il motivo di qualcosa detto in precedenza.
      ⑦ よく カラオケに 行きますか。
         ……いいえ、あまり 行きません。カラオケは 好きじゃ ないんです。
         Vai spesso al karaoke?
         …… No, non ci vado spesso. Il karaoke non mi piace.

      [Nota] 〜んです non si usa quando, invece che spiegare un motivo, si descrive semplicemente un fatto reale.
         ×わたしは マイク・ミラーなんです。

3) ～んですが、～

～んですが serve a introdurre un argomento. È seguito da espressioni quali richiesta, invito, domanda di autorizzazione. Questo が serve a smorzare il tono della frase successiva (cfr. Lezione 14). Come nell'esempio ⑩, la frase che segue ～んですが è spesso omessa quando quello che si vuole chiedere risulta evidente anche all'interlocutore.

⑧ 頭が 痛いんですが、帰っても いいですか。
　　Ho mal di testa, posso tornare a casa?

⑨ 来週 友達と スキーに 行くんですが、ミラーさんも いっしょに 行きませんか。
　　La prossima settimana andrò a sciare con degli amici, sig. Miller, perché non andiamo insieme?

⑩ お湯が 出ないんですが……。　　Non esce l'acqua calda......

2. | V forma- て いただけませんか | Non potrebbe farmi il favore di ～?

È un'espressione di richiesta ancora più cortese rispetto a ～て ください.

⑪ いい 先生を 紹介して いただけませんか。
　　Non potrebbe presentarmi un buon insegnante?

3. | Interrogativo V forma- たら いいですか | Dove/Come/Quando posso/devo/è meglio ～?

Esprime una richiesta di aiuto o di indicazioni.

⑫ どこで カメラを 買ったら いいですか。
　　……ABC ストアが 安いですよ。
　　Dove è meglio comprare una macchina fotografica?
　　…… L'ABC Store è economico.

⑬ 国会議事堂を 見学したいんですが、どう したら いいですか。
　　…… 直接 行ったら いいですよ。
　　Vorrei visitare il Palazzo della Dieta Nazionale, come devo fare?
　　…… Puoi andarci direttamente.

L'espressione V forma- たら いいですよ vista nell'esempio ⑬ serve a dare all'interlocutore consigli e suggerimenti.

4. N(oggetto)は { 好きです／嫌いです　mi piace/non mi piace / 上手です／下手です　essere bravo/non essere bravo a / あります, etc.　avere, etc. } N

⑭ よく カラオケに 行きますか。
　　……いいえ、あまり 行きません。カラオケは 好きじゃ ないんです。
　　Vai spesso al karaoke?
　　…… No, non ci vado spesso. Il karaoke non mi piace.

Nel volume *Shokyu I* (Lezione 17) abbiamo imparato come rendere un nome (complemento oggetto) il tema della frase, sostituendo la particella を con la particella は. È possibile fare lo stesso con nomi seguiti da が e che indicano l'oggetto di frasi come すきです, come nell'esempio ⑭.

Lezione 27

I. Vocaboli

かいます I	飼います	tenere, allevare (animali domestici)
はしります I	走ります	correre, transitare [la strada]
[みちを〜]	[道を〜]	
みえます II	見えます	si vede [una montagna]
[やまが〜]	[山が〜]	
きこえます II	聞こえます	si sente [un suono]
[おとが〜]	[音が〜]	
できます II		essere costruita/fatta/pronta [una strada]
[みちが〜]	[道が〜]	
ひらきます I	開きます	tenere, inaugurare, aprire [un corso]
[きょうしつを〜]	[教室を〜]	
しんぱい[な]	心配[な]	preoccupato
ペット		animale domestico
とり	鳥	uccello
こえ	声	voce
なみ	波	onda
はなび	花火	fuochi d'artificio
どうぐ	道具	strumento, utensile, attrezzo
クリーニング		lavaggio (a secco)
いえ	家	casa
マンション		condominio, appartamento (di alto livello)
キッチン		cucina
〜きょうしつ	〜教室	corso di 〜, laboratorio di 〜
パーティールーム		sala da feste
かた	方	persona (forma onorifica di ひと)
〜ご	〜後	fra〜, tra〜, dopo〜 (indica il tempo)
〜しか		soltanto (+ forma negativa)
ほかの		altro, diverso
はっきり		chiaramente, distintamente

〈会話〉

家具	mobile
本棚	scaffale per libri, libreria
いつか	un giorno, in futuro
建てますⅡ	costruire, edificare
すばらしい	magnifico, bellissimo, splendido

〈読み物〉

子どもたち	bambini
大好き[な]	che piace molto
主人公	protagonista
形	forma
不思議[な]	misterioso, strano, straordinario
ポケット	tasca
例えば	per esempio
付けますⅡ	mettere, attaccare
自由に	liberamente, a piacere
空	cielo
飛びますⅠ	volare
昔	una volta, i vecchi tempi
自分	sé, se stesso
将来	futuro, avvenire
※ドラえもん	nome di un personaggio dei fumetti

II. Traduzione

Frasi modello
1. Io so parlare un po' giapponese.
2. Si vedono nitidamente le montagne.
3. Davanti alla stazione è stato costruito un grande supermercato.

Frasi di esempio
1. Sai leggere il giornale in giapponese?
   ······No, non lo so leggere.
2. Si sente il canto degli uccelli vero?
   ······Eh sì, è già primavera.
3. Quando fu costruito il tempio Horyuji?
   ······Fu costruito nel 607.
4. Alla Power Denki quanti giorni di ferie estive avete all'incirca?
   ······Dunque... sono circa tre settimane.
   Che bello! Nella mia ditta possiamo avere solo una settimana di riposo.
5. In questo appartamento si possono tenere animali?
   ······Piccoli uccelli, pesci eccetera si possono tenere, ma cani e gatti no.

Conversazione

Sa costruire qualsiasi cosa!

Miller: È una camera luminosa e bella eh.
Suzuki: Sì. Nelle belle giornate si vede il mare.
Miller: Questo tavolo ha un design interessante!
Dov'è che l'ha comprato?
Suzuki: L'ho fatto io.
Miller: Davvero?
Suzuki: Sì. Il mio hobby è costruire mobili per conto mio.
Miller: Ah, sì? Allora anche quella libreria l'ha fatta lei?
Suzuki: Sì.
Miller: Fantastico! Sig. Suzuki, lei sa costruire qualsiasi cosa, eh.
Suzuki: Il mio sogno è di costruirmi una casa da solo prima o poi.
Miller: Un sogno meraviglioso!

III. Parole e informazioni utili

近くの店 Negozi nei dintorni

靴・かばん修理、合いかぎ
Riparazione borse e calzature, duplicazione chiavi

ヒール・かかと修理	riparazione tacchi
つま先修理	riparazione punta (delle scarpe)
中敷き交換	sostituzione soletta
クリーニング	lavaggio (vestiti)
ファスナー交換	sostituzione cerniere lampo
ハンドル・持ち手交換	sostituzione maniglie
ほつれ・縫い目の修理	ricucitura, rammendo
合いかぎ	duplicato (di una chiave)

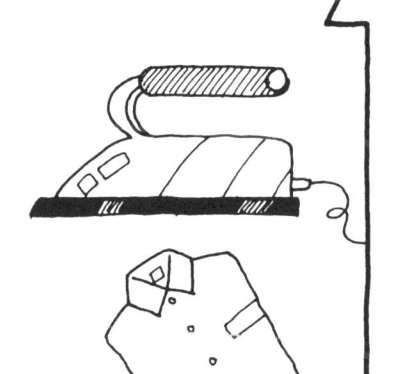

クリーニング屋 Lavanderia

ドライクリーニング	lavaggio a secco
水洗い	lavaggio in acqua
染み抜き	smacchiatura
はっ水加工	trattamento impermeabile
サイズ直し	aggiustamento misura
縮む	ritirarsi, rimpicciolirsi
伸びる	allungarsi, allargarsi

コンビニ Convenience store

宅配便の受け付け	servizio di accettazione corriere
ATM	bancomat
公共料金等の支払い	pagamento bollette dei servizi pubblici, etc.
コピー、ファクス	fotocopie, fax
はがき・切手の販売	vendita cartoline e francobolli
コンサートチケットの販売	box-office, vendita biglietti per concerti

IV. Note grammaticali

1. Verbi potenziali

Nel volume *Shokyu I*, Lezione 18, abbiamo imparato la costruzione N／V forma diz. ＋こと が できます, per esprimere il potenziale. Qui vediamo un'altra forma, quella dei Verbi potenziali.

		Verbi potenziali	
		Forma cortese	Forma piana
I	かきます	かけます	かける
	かいます	かえます	かえる
II	たべます	たべられます	たべられる
III	きます	こられます	こられる
	します	できます	できる

(cfr. Volume principale, Lezione 27, Esercizio A1)

I Verbi potenziali si coniugano come i verbi del Gruppo II.
Es. かえます　　かえる　　かえ(ない)　　かえて
Attenzione: siccome il verbo わかります indica implicitamente la capacità di comprendere, per questo verbo non esiste la forma potenziale わかれます.

2. Frasi in cui si possono usare i Verbi potenziali

1) I Verbi potenziali non indicano un'azione, bensì uno stato. Il complemento oggetto di un verbo transitivo viene generalmente indicato con を, ma nel caso dei Verbi potenziali l'oggetto si indica generalmente con が.

① わたしは 日本語を 話します。　　Io parlo il giapponese.
② わたしは 日本語が 話せます。　　Io so parlare giapponese.

A parte を, le altre particelle della frase non cambiano.

③ 一人で 病院へ 行けますか。　　Puoi andare da solo all'ospedale?
④ 田中さんに 会えませんでした。　Non ho potuto incontrare il sig. Tanaka.

2) I Verbi potenziali hanno due usi: esprimere la capacità di qualcuno a fare qualcosa (⑤), e indicare che una certa azione è possibile in una determinata circostanza (⑥).

⑤ ミラーさんは 漢字が 読めます。　Il sig. Miller sa leggere i kanji.
⑥ この 銀行で ドルが 換えられます。
　　In questa banca si possono cambiare i dollari.

3. 見えます e 聞こえます

I verbi みえます e きこえます non esprimono l'azione volontaria di vedere e sentire, ma solo il fatto che un certo oggetto (indicato con が) entra naturalmente nel nostro campo visivo, o che un certo suono ci arriva naturalmente all'orecchio. Nel caso in cui ci si concentri volontariamente su qualcosa, non si usano みえます e きこえます, bensì i Verbi potenziali.

⑦ 新幹線から 富士山が 見えます。
　　Dallo Shinkansen si vede il Monte Fuji.

⑧ ラジオの 音が 聞こえます。
   Si sente il suono di una radio.
⑨ 新宿で 今 黒沢の 映画が 見られます。
   A Shinjuku adesso si possono vedere i film di Kurosawa.
⑩ 電話で 天気予報が 聞けます。
   Per telefono è possibile sentire le previsioni del tempo.

4. できます

Il verbo できます che vediamo adesso ha il significato di aver luogo, essere completato, rifinito, costruito, etc.

⑪ 駅の 前に 大きい スーパーが できました。
   Davanti alla stazione è stato costruito un grande supermercato.
⑫ 時計の 修理は いつ できますか。
   Quando sarà ultimata la riparazione dell'orologio?

5. しか

しか si aggiunge dopo nomi o quantificatori, ed è sempre seguito da espressioni in forma negativa. Eccetto la parola che precede しか, tutto il resto viene negato. Nel caso di nomi seguiti da が o を, si eliminano が e を e si lascia しか. Negli altri casi しか segue le altre particelle. Suggerisce una qualche insufficienza o inadeguatezza.

⑬ ローマ字しか 書けません。   Non so scrivere altro che in romaji.
⑭ ローマ字だけ 書けます。   So scrivere solo in romaji.

6. N は （contrasto）

Oltre a indicare il tema della frase, は può avere anche la funzione di esprimere un contrasto.

⑮ ワインは 飲みますが、ビールは 飲みません。
   Il vino lo bevo, ma la birra non la bevo.
⑯ きのうは 山が 見えましたが、きょうは 見えません。
   Ieri si vedevano le montagne, ma oggi non si vedono.

7. は utilizzato per evidenziare una parola seguita da particella

Come spiegato nel volume *Shokyu I*, Approfondimento 1 (p.160) quando は è aggiunto a un nome seguito dalle particelle が e を quest'ultime vengono omesse. In tutti gli altri casi は viene aggiunto dopo le altre particelle.

⑰ 日本では 馬を 見る ことが できません。
   In Giappone non si possono vedere cavalli. (L.18)
⑱ 天気の いい 日には 海が 見えるんです。
   Nei giorni in cui il tempo è buono, si vede il mare.
⑲ ここからは 東京スカイツリーが 見えません。
   Da qui il Tokyo Sky Tree non si vede.

Lezione 28

I. Vocaboli

うれます II [パンが～]	売れます	si vende (bene) [il pane]
おどります I	踊ります	ballare, danzare
かみます I		masticare, mordere
えらびます I	選びます	scegliere
かよいます I [だいがくに～]	通います [大学に～]	frequentare [l'università]
メモします III		prendere appunti, annotare
まじめ[な]		serio, diligente
ねっしん[な]	熱心[な]	diligente, zelante, fervente
えらい	偉い	bravo, eccellente, ammirevole
ちょうど いい		giusto, preciso, andare alla perfezione
けしき	景色	veduta, panorama
びよういん	美容院	parrucchiere (negozio)
だいどころ	台所	cucina
けいけん	経験	esperienza (～が あります: avere esperienza, ～を します: fare esperienza)
ちから	力	forza (fisica)
にんき	人気	popolarità ([がくせいに]～が あります: essere popolare [fra gli studenti])
かたち	形	forma
いろ	色	colore
あじ	味	gusto, sapore
ガム		chewing-gum
しなもの	品物	merce, articolo
ねだん	値段	prezzo
きゅうりょう	給料	stipendio, salario, paga
ボーナス		bonus (di stipendio), tredicesima, quattordicesima
ゲーム		gioco, partita, videogioco
ばんぐみ	番組	programma (televisivo)
ドラマ		telefilm
かしゅ	歌手	cantante
しょうせつ	小説	romanzo
しょうせつか	小説家	romanziere, scrittore di romanzi

〜か	〜家	(classificatore per specialisti di una disciplina o arte)
〜き	〜機	(classificatore per apparecchi meccanici)
むすこ	息子	(mio) figlio
むすこさん*	息子さん	figlio (di altre persone)
むすめ	娘	(mia) figlia
むすめさん*	娘さん	figlia (di altre persone)
じぶん	自分	sé, se stesso
しょうらい	将来	futuro, avvenire
しばらく		per un po' di tempo, per qualche tempo
たいてい		in genere, solitamente
それに		in più, inoltre
それで		perciò, quindi, per cui

〈会話〉

[ちょっと] お願いが あるんですが。	Avrei un favore da chiederle.
実は	a dire il vero, in verità
会話	conversazione
うーん	Mmh. (quando si ragiona su qualcosa)

〈読み物〉

お知らせ	avviso, informazione, notizia
参加しますⅢ	partecipare
日にち	data
土	sabato
体育館	palestra
無料	gratis, gratuito
誘いますⅠ	invitare, chiedere di fare insieme
イベント	evento, avvenimento, programma di attività

II. Traduzione

Frasi modello
1. Mentre ascolto la musica, mangio.
2. Faccio jogging ogni mattina.
3. La metro è veloce e costa poco. Andiamo in metro!

Frasi di esempio
1. Quando ho sonno, guido masticando chewing-gum.
   ……Davvero? Io fermo la macchina e dormo per un po'.
2. Studi mentre ascolti la musica?
   ……No, quando studio non ascolto la musica.
3. Lui lavora e allo stesso tempo studia all'università.
   ……Davvero? È bravo!
4. Nei giorni di riposo cosa fai di solito?
   ……Beh, solitamente dipingo quadri.
5. Il professor Watt è zelante, divertente, e in più ha esperienza.
   ……È un buon professore, vero?
6. Vieni spesso in questo ristorante di sushi?
   ……Sì. Qui il prezzo è basso e il pesce è fresco, (per questo) vengo spesso a mangiarci.
7. Perché hai scelto l'Università Fuji?
   ……Perché l'Università Fuji è famosa, ci sono tanti professori bravi, e c'è anche il dormitorio.

Conversazione

Ho molti viaggi di lavoro, e ho anche un esame……

Sachiko Ogawa:	Sig. Miller, avrei un piccolo favore da chiederle.
Miller:	Cosa c'è?
Sachiko Ogawa:	A dire il vero, ad agosto vado in Australia per un homestay.
Miller:	Homestay? Bello!
Sachiko Ogawa:	Sì. Per questo adesso sto studiando inglese con un amico, ma……
Miller:	Sì…?
Sachiko Ogawa:	Non faccio grossi miglioramenti. Non ho insegnanti, e neppure occasioni per parlare inglese…… Sig. Miller, lei non potrebbe diventare il mio insegnante di conversazione?
Miller:	Eh? Insegnante? Mmh... veramente con il mio lavoro……
Sachiko Ogawa:	Quando lei ha tempo, magari bevendo un tè o qualcos'altro……
Miller:	Uhm... ma io ho molti viaggi di lavoro, e tra un po' avrò anche l'esame di giapponese……
Sachiko Ogawa:	Capisco……
Miller:	Mi spiace.

III. Parole e informazioni utili

うちを借^かりる　　Prendere in affitto una casa

Come leggere gli annunci immobiliari

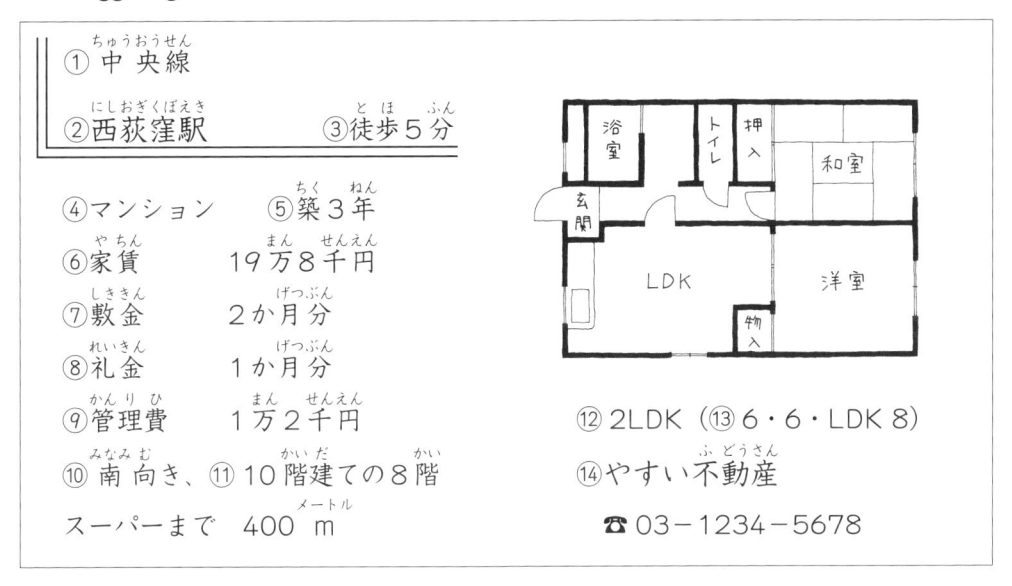

```
①中央線（ちゅうおうせん）
②西荻窪駅（にしおぎくぼえき）   ③徒歩5分（とほふん）
④マンション   ⑤築3年（ちくねん）
⑥家賃（やちん）   19万8千円（まんせんえん）
⑦敷金（しききん）   2か月分（げつぶん）
⑧礼金（れいきん）   1か月分（げつぶん）
⑨管理費（かんりひ）   1万2千円（まんせんえん）
⑩南向き（みなみむき）、⑪10階建ての8階（かいだてのかい）
スーパーまで　400 m（メートル）
⑫2LDK（⑬6・6・LDK 8）
⑭やすい不動産（ふどうさん）
☎03-1234-5678
```

① nome della linea ferroviaria
② nome della stazione più vicina
③ 5 minuti a piedi dalla stazione
④ condominio (in cemento armato di grandi dimensioni)
　※アパート　　　　　condominio (generalmente di uno o due piani)
　一戸建^{いっこだ}て　　　　casa monofamiliare
⑤ 3 anni dalla costruzione
⑥ affitto
⑦ deposito
　※ Una somma di denaro che viene consegnata al proprietario dell'immobile come cauzione. Al momento di lasciare la casa parte di questi soldi vengono restituiti all'inquilino.
⑧ contributo di cortesia
　※ Soldi versati come ringraziamento al proprietario dell'immobile al momento dell'affitto.
⑨ spese condominiali
⑩ (casa) rivolta a sud
⑪ settimo piano di un edificio di 10 piani
⑫ quadrilocale con 2 camere, soggiorno, sala pranzo, cucina
⑬ 6 tatami (= 6 畳^{じょう})
　※ '畳^{じょう}' è l'unità di misura per l'area di una stanza. 1 畳^{じょう} corrisponde alla dimensione di un tatami (all'incirca 180×90cm).
⑭ nome dell'agenzia immobiliare

IV. Note grammaticali

1. V_1(forma-ます)ながら V_2

Questa costruzione viene usata per indicare che lo stesso agente, mentre compie l'azione V_2, allo stesso momento compie anche l'azione V_1. L'azione V_2 è quella principale.

① 音楽を 聞きながら 食事します。
   Mangio mentre ascolto la musica.

Come nell'esempio ②, si può utilizzare anche nel caso di due attività condotte a intervalli per un certo periodo di tempo.

② 働きながら 日本語を 勉強して います。
   Lavoro e allo stesso tempo studio giapponese.

2. V forma-て います

Questa costruzione può indicare anche un'azione abituale ripetuta nel tempo. Nel caso di un'azione abituale condotta in passato, si utilizza la costruzione V forma-て いました.

③ 毎朝 ジョギングを して います。
   Ogni mattina faccio jogging.

④ 子どもの とき、毎晩 8時に 寝て いました。
   Quando ero piccolo andavo a letto tutte le sere alle otto.

3. Forma piana し、forma piana し、~

1) Questa costruzione viene utilizzata per elencare una serie di elementi relativi al tema del discorso. Per elementi relativi si intendono per esempio le qualità di una persona come nell'esempio ⑤.

⑤ 鈴木さんは ピアノも 弾けるし、歌も 歌えるし、ダンスも できます。
   Il sig. Suzuki sa suonare il piano, sa cantare e sa anche ballare.

Inoltre questa costruzione indica che il parlante vorrebbe fornire altri elementi oltre a quelli effettivamente menzionati, e perciò spesso viene utilizzata insieme a も. Per rendere ancora più chiara questa sfumatura, è possibile anche utilizzare それに come nell'esempio ⑥.

⑥ 田中さんは まじめだし、中国語も 上手だし、それに 経験も あります。
   Il sig. Tanaka è serio, conosce bene il cinese, e in più ha anche esperienza.

2) Questa costruzione può essere anche utilizzata per motivare la frase che viene dopo ~し、~し.

⑦ ここは 値段も 安いし、魚も 新しいし、よく 食べに 来ます。
   Qui il prezzo è basso e il pesce è fresco, [per questo] vengo spesso a mangiarci.

In questo caso, quando la conclusione della frase è chiara, è possibile ometterla lasciando solo le motivazioni.

⑧ どうして この 店へ 来るんですか。
　……ここは 値段も 安いし、魚も 新しいし……。

Perché vieni in questo negozio?
　…… Qui il prezzo è basso e il pesce è fresco......

È anche possibile sostituire l'ultimo し con から nel senso di "perché".

⑨ どうして 日本の アニメが 好きなんですか。
　……話も おもしろいし、音楽も すてきですから。

Ma perché ti piacciono gli anime?
　…… Perché le storie sono interessanti, e poi mi piace la musica.

4. それで

それで viene utilizzato per indicare che la conclusione seguente è motivata dai fatti precedentemente esposti.

⑩ 将来 小説家に なりたいです。それで 今は アルバイトを しながら 小説を 書いて います。

In futuro voglio diventare uno scrittore. Per questo ora lavoro part-time e allo stesso tempo scrivo romanzi.

⑪ ここは コーヒーも おいしいし、食事も できるし……。
　……それで 人気が あるんですね。

Qui il caffè è buono, e si può anche mangiare......
　…… Eh, per questo è molto popolare.

5. ～ とき + particella

Come abbiamo visto nella Lezione 23, とき è un nome, e quindi è possibile utilizzarlo aggiungendovi delle particelle.

⑫ 勉強する ときは、音楽を 聞きません。

Quando studio non ascolto la musica.

⑬ 疲れた ときや 寂しい とき、よく 田舎の 青い 空を 思い出す。

Nei momenti in cui sono stanco oppure quando sono triste, spesso ripenso al cielo azzurro della campagna. (L.31)

Lezione 29

I. Vocaboli

あきますⅠ ［ドアが〜］	開きます	[una porta] aprirsi
しまりますⅠ ［ドアが〜］	閉まります	[una porta] chiudersi
つきますⅠ ［でんきが〜］	［電気が〜］	[una luce] accendersi
きえますⅡ* ［でんきが〜］	消えます ［電気が〜］	[una luce] spegnersi
こわれますⅡ ［いすが〜］	壊れます	[una sedia] rompersi
われますⅡ ［コップが〜］	割れます	[un bicchiere] rompersi, frantumarsi, incrinarsi
おれますⅡ ［きが〜］	折れます ［木が〜］	[un albero] spezzarsi
やぶれますⅡ ［かみが〜］	破れます ［紙が〜］	[la carta] strapparsi
よごれますⅡ ［ふくが〜］	汚れます ［服が〜］	[un vestito] sporcarsi
つきますⅠ ［ポケットが〜］	付きます	[una tasca] essere attaccata, cucita
はずれますⅡ ［ボタンが〜］	外れます	[un bottone] sganciarsi
とまりますⅠ ［くるまが〜］	止まります ［車が〜］	[una macchina] fermarsi, essere parcheggiata
まちがえますⅡ		sbagliare
おとしますⅠ	落とします	fare cadere, perdere (un oggetto)
かかりますⅠ ［かぎが〜］	掛かります	essere chiuso [a chiave]
ふきますⅠ		pulire, strofinare (una superficie)
とりかえますⅡ	取り替えます	sostituire, cambiare
かたづけますⅡ	片づけます	mettere in ordine, mettere a posto
［お］さら	［お］皿	piatto
［お］ちゃわん*		ciotola per riso, tazza per la cerimonia del tè
コップ		bicchiere
ガラス		vetro
ふくろ	袋	sacco, busta
しょるい	書類	documento, carte
えだ	枝	ramo
えきいん	駅員	ferroviere, addetto della stazione
こうばん	交番	posto di polizia
スピーチ		discorso（〜を します：fare un discorso）

へんじ	返事	risposta（〜を します：rispondere）
おさきに どうぞ。	お先に どうぞ。	Vada pure prima lei./Dopo di lei.
※源氏物語		La Storia di Genji (racconto scritto da Murasaki Shikibu nel periodo Heian)

〈会話〉

今の 電車	quel treno (che è partito ora)
忘れ物	oggetto dimenticato, smarrito
このくらい	così come questa (grandezza)
〜側	parte (di) 〜, lato (esterno/interno)
ポケット	tasca
〜辺	nelle vicinanze di 〜, nella zona di 〜
覚えて いません。	Non mi ricordo.
網棚	portabagagli (treno, autobus)
確か	se mi ricordo bene, mi pare
[ああ、] よかった。	[Oh,] meno male. (espressione di sollievo)
※新宿	nome di una stazione/quartiere di Tokyo

〈読み物〉

地震	terremoto
壁	muro, parete
針	lancetta (di un orologio)
指します I	indicare (un'ora)
駅前	davanti alla stazione
倒れます II	cadere, crollare
西	ovest
〜の 方	verso 〜, in direzione di 〜
燃えます II	bruciare (intrans.)
レポーター	reporter

II. Traduzione

Frasi modello
1. La finestra è chiusa.
2. Ho dimenticato l'ombrello sul treno.

Frasi di esempio
1. La sala riunioni è chiusa a chiave, vero?
   ······Allora diciamolo alla sig.na Watanabe e facciamoci aprire.
2. Questo computer, posso usarlo?
   ······Quello è guasto, quindi usa quello laggiù.
3. Dov'è il vino che ha portato il sig. Schmidt?
   ······L'abbiamo (già) bevuto tutti insieme.
4. Torniamo a casa insieme?
   ······Mi scusi, siccome finisco di scrivere questa e-mail, vada pure prima lei.
5. Sei arrivato in tempo all'orario stabilito?
   ······No, sono arrivato in ritardo. È che ho sbagliato la strada.
6. Che è successo?
   ······È che ho dimenticato il bagaglio in taxi.

Conversazione

Ho dimenticato una cosa

Lee:	Mi scusi, ho dimenticato una cosa in quel treno che è appena partito.
Addetto della stazione:	Che cosa ha dimenticato?
Lee:	Una borsa blu. Più o meno di questa dimensione······ C'è una tasca grande attaccata sul lato esterno.
Addetto della stazione:	Da che parte l'ha lasciata?
Lee:	Non ricordo bene, ma l'avevo messa sul portabagagli.
Addetto della stazione:	Cosa c'è dentro?
Lee:	Umm, se non sbaglio, ci sono un libro e un ombrello.
Addetto della stazione:	Allora controllo, aspetti un attimo.
	··
Addetto della stazione:	L'abbiamo trovata!
Lee:	Oh, meno male.
Addetto della stazione:	Adesso è alla stazione di Shinjuku. Cosa vuole fare?
Lee:	Vado subito a prenderla.
Addetto della stazione:	Allora vada all'ufficio della stazione di Shinjuku.
Lee:	Va bene. Grazie mille.

III. Parole e informazioni utili

状態・様子 （じょうたい・ようす） Condizioni e aspetto

太（ふと）っている essere grasso	やせている essere magro	膨（ふく）らんでいる essere gonfio, pieno	穴（あな）が開（あ）いている essere bucato
曲（ま）がっている essere piegato, incurvato	ゆがんでいる essere storto, deformato	へこんでいる essere affossato, ammaccato	ねじれている essere attorcigliato
欠（か）けている essere rotto, scheggiato	ひびが入（はい）っている essere incrinato	腐（くさ）っている essere marcio	
乾（かわ）いている essere asciutto, secco	ぬれている essere bagnato	凍（こお）っている essere congelato, ghiacciato	

IV. Note grammaticali

1. | V forma- て います |

Il V forma- て います, esprime la continuazione di uno stato successivo a un'azione.

① 窓が 割れて います。　　　　　　　　La finestra è rotta.
② 電気が ついて います。　　　　　　　La luce è accesa.

L'esempio ① indica che in un momento passato la finestra si è rotta, e quello stato (la finestra è rotta) continua anche ora.

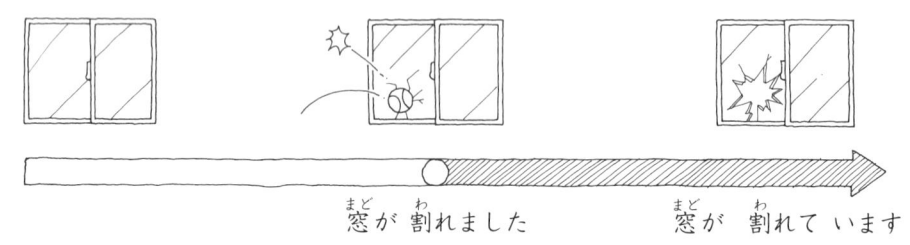

窓が 割れました　　　　窓が 割れて います

I verbi che si possono utilizzare in questo modo sono solo quelli che indicano un cambio di stato conseguente a un'azione, come あきます, しまります, つきます, きえます, こわれます, われます.

Quando si descrive semplicemente una situazione così come questa si presenta davanti a noi, il soggetto viene indicato con が, come nelle frasi ① ②. Quando il soggetto funziona anche come tema della frase si utilizza la particella は come nella frase ③.

③ この いすは 壊れて います。　　　　Questa sedia è rotta.

2. | V forma- て しまいました／しまいます |

～て しまいました indica che un'azione è stata portata a termine completamente. ～て しまいます indica che in un momento futuro l'azione sarà portata a termine.

④ シュミットさんが 持って 来た ワインは みんなで 飲んで しまいました。
　　Abbiamo bevuto tutti insieme la bottiglia di vino che ha portato il sig. Schmidt.
⑤ 漢字の 宿題は もう やって しまいました。　I compiti di kanji li ho già finiti.
⑥ 昼ごはんまでに レポートを 書いて しまいます。
　　Finirò di scrivere il report entro l'ora di pranzo.

Come mostrato negli esempi ⑦ e ⑧, ～て しまいました può anche trasmettere un senso di rammarico o di disappunto.

⑦ パスポートを なくして しまいました。　　Ho perso il passaporto.
⑧ パソコンが 故障して しまいました。　　　Mi si è rotto il computer.

3. | N(luogo)に 行きます／来ます／帰ります |

Nell'esempio ⑨ (vedi Esercizio C3) abbiamo visto come utilizzare la particella に che indica il punto di arrivo, al posto della particella へ che indica la direzione. In questo modo possiamo utilizzare entrambe le costruzioni N (luogo)へ e N (luogo)に con verbi come いきます, きます, かえります.

⑨ どこかで 財布を 落として しまったんです。
　　……それは 大変ですね。すぐ 交番に 行かないと。

Ho perso il portafoglio da qualche parte.
…… Questo è un bel problema! Devi andare subito alla stazione di polizia.

4. それ／その／そう

Nella Lezione 2 abbiamo visto come utilizzare i dimostrativi per indicare un oggetto che si trovi nelle vicinanze. Vediamo ora l'utilizzo di それ, その, そう per indicare qualcosa che compare nei discorsi dell'interlocutore o in un testo.

1) Nella conversazione

それ (⑩ ⑪), その (⑫), e そう (⑬) indicano il contenuto appena espresso dall'interlocutore.

⑩ どこかで 財布を 落として しまったんです。
　　……それは 大変ですね。すぐ 交番に 行かないと。
　Ho perso il portafoglio da qualche parte.
　　…… Questo è un bel problema! Devi andare subito alla stazione di polizia.

⑪ 来月から 大阪の 本社に 転勤なんです。
　　……それは おめでとう ございます。
　Dal prossimo mese sarò trasferito alla sede centrale di Osaka.
　　…… Questa è una bella notizia, congratulazioni! (L.31)

⑫ あのう、途中で やめたい 場合は？
　　……その 場合は、近くの 係員に 名前を 言って、帰って ください。
　Senta, nel caso in cui volessimo smettere a metà strada?
　　…… In quel caso dite il vostro nome all'addetto più vicino, e tornate a casa. (L.45)

⑬ うちへ 帰って、休んだ ほうが いいですよ。　È meglio se torni a casa e ti riposi.
　　……ええ、そう します。　　　　　　　　　……È vero, farò così. (L.32)

2) In un testo scritto

その (⑭), indica il contenuto della frase precedente.

⑭ 一人で コンサートや 展覧会に 出かけると、いいでしょう。その とき 会った 人が 将来の 恋人に なるかも しれません。
　Non è male andare da soli a un concerto o a una mostra. La persona incontrata in quel momento potrebbe anche diventare un futuro partner. (L.32)

5. ありました

⑮ ［かばんが］ありましたよ。　　　　　　　　Ho trovato la borsa!

Questo ありました indica che il parlante ha scoperto il luogo in cui era la borsa. Non significa che in passato la borsa "c'era".

6. どこかで／どこかに

Le particelle へ e を dopo どこか e なにか possono essere omesse, ma nel caso di どこかで e どこかに le particelle で e に sono obbligatorie.

⑯ どこかで 財布を なくして しまいました。
　Ho perso il portafoglio da qualche parte.

⑰ どこかに 電話が ありますか。　　　　　　C'è un telefono da qualche parte?

Lezione 30

I. Vocaboli

はりますⅠ		incollare, attaccare（al muro）
かけますⅡ	掛けます	appendere
かざりますⅠ	飾ります	decorare, mettere（per abbellire）
ならべますⅡ	並べます	mettere in fila, allineare
うえますⅡ	植えます	piantare
もどしますⅠ	戻します	rimettere a posto
まとめますⅡ		riunire, riordinare, raggruppare（bagagli, report）
しまいますⅠ		mettere a posto, riporre
きめますⅡ	決めます	decidere
よしゅうしますⅢ	予習します	prepararsi per una lezione, studiare in anticipo
ふくしゅうしますⅢ	復習します	ripassare
そのままに しますⅢ		lasciare così com'è
じゅぎょう	授業	lezione, corso
こうぎ	講義	lezione, corso（universitari）
ミーティング		riunione, meeting
よてい	予定	programma, piano
おしらせ	お知らせ	avviso, informazione
ガイドブック		guida turistica（libro）
カレンダー		calendario
ポスター		poster
よていひょう	予定表	programma, tabella di marcia
ごみばこ	ごみ箱	bidone, cestino（della spazzatura）
にんぎょう	人形	bambola
かびん	花瓶	vaso da fiori
かがみ	鏡	specchio
ひきだし	引き出し	cassetto
げんかん	玄関	ingresso, entrata
ろうか	廊下	corridoio
かべ	壁	parete, muro
いけ	池	stagno, laghetto
もとの ところ	元の 所	il suo posto originale
まわり	周り	intorno
まんなか*	真ん中	al centro, nel mezzo
すみ	隅	angolo（di una stanza）
まだ		ancora

〈会話〉

リュック	zaino
非常袋(ひじょうぶくろ)	zaino di sopravvivenza, kit di emergenza
非常時(ひじょうじ)	caso di emergenza
生活(せいかつ)しますⅢ	vivere
懐中電灯(かいちゅうでんとう)	torcia, lampada tascabile
〜とか、〜とか	〜, 〜, etc.

〈読み物(よみもの)〉

丸(まる)い	rotondo
ある〜	un certo 〜
夢(ゆめ)を 見(み)ますⅡ	fare un sogno, sognare
うれしい	contento, felice
嫌(いや)[な]	odioso, sgradevole, che non piace
すると	allora, a quel punto
目(め)が 覚(さ)めますⅡ	svegliarsi

II. Traduzione

Frasi modello
1. C'è una mappa della città attaccata al posto di polizia.
2. Prima del viaggio, ricerco varie cose su internet.

Frasi di esempio
1. È interessante il nuovo bagno della stazione!
   ······Uh? Ah sì?
   Sulle pareti ci sono disegnati fiori, animali...
2. Dov'è il nastro adesivo?
   ······È stato messo in quel cassetto.
3. Per quanto riguarda il viaggio di lavoro per il prossimo mese, vuole che le prenoti l'albergo?
   ······Ah, sì per favore.
4. Dopo aver usato le forbici, rimettetele al loro posto per favore.
   ······Sì, d'accordo.
5. Posso mettere a posto i documenti?
   ······No, li lasci così come sono per favore, perché li sto ancora usando.

Conversazione
Devo lasciare pronto lo zaino di sopravvivenza

Miller: Buonasera.
Suzuki: Bene arrivato! Prego (entri pure).
Miller: C'è un grande zaino lasciato qui.
Va in montagna?
Suzuki: No, è lo zaino di sopravvivenza.
Miller: Lo zaino di sopravvivenza? Che cos'è?
Suzuki: È un sacco dove si mettono le cose da usare in caso di emergenza.
C'è dentro della roba per poter vivere circa tre giorni, anche se si rimane senza luce e gas.
Miller: Acqua, viveri, eccetera?
Suzuki: Sì, ma ci sono anche altre cose. Una torcia, una radio......
Miller: Anch'io lo devo lasciare pronto.
Suzuki: Sa, lo zaino di sopravvivenza lo vendono anche al supermercato.
Miller: Ah, sì? Allora lo comprerò.

III. Parole e informazioni utili

非常の場合　In caso di emergenza

〔1〕地震の場合　In caso di terremoto
　　1）備えが大切　La prevenzione è importante
　　　① 家具が倒れないようにしておく
　　　　 fissare i mobili alle pareti per evitarne la caduta
　　　② 消火器を備える・水を貯えておく
　　　　 tenere pronto un estintore e fare provviste d'acqua
　　　③ 非常袋を用意しておく
　　　　 tenere pronto uno zaino di sopravvivenza
　　　④ 地域の避難場所を確認しておく
　　　　 controllare dove si trova il punto di evacuazione della zona
　　　⑤ 家族、知人、友人と、もしもの場合の連絡先を決めておく
　　　　 decidere come contattare familiari, amici e conoscenti in caso d'emergenza
　　2）万一地震が起きた場合　Quando avviene un terremoto
　　　① 丈夫なテーブルの下にもぐる
　　　　 mettersi sotto un tavolo robusto
　　　② 落ち着いて火の始末
　　　　 calmarsi e spegnere ogni fiamma in uso
　　　③ 戸を開けて出口の確保
　　　　 aprire le porte per assicurarsi una via d'uscita
　　　④ 慌てて外に飛び出さない
　　　　 non fuggire fuori di corsa
　　3）地震が収まったら　Quando si sono fermate le scosse
　　　　 正しい情報を聞く（山崩れ、崖崩れ、津波に注意）
　　　　 raccogliere informazioni corrette (allerta frana e tsunami)
　　4）避難する場合は　In caso di evacuazione
　　　　 車を使わず、必ず歩いて
　　　　 non evacuare usando la macchina, ma andate a piedi

〔2〕台風の場合　In caso di tifone
　　　① 気象情報を聞く　　　　　ascoltare il meteo
　　　② 家の周りの点検　　　　　controllare l'esterno della casa
　　　③ ラジオの電池の備えを　　preparare batterie di scorta per la radio
　　　④ 水、緊急食品の準備　　　tenere una scorta d'acqua e di cibo per l'emergenza

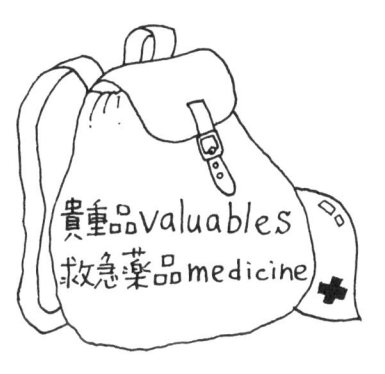

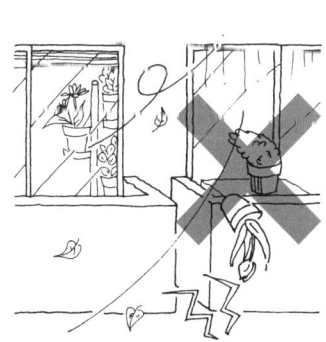

IV. Note grammaticali

1. ⎡V forma- て あります⎦

La costruzione V forma- て あります indica il perdurare di uno stato risultante da un'azione di qualcuno, finalizzata a qualcosa in particolare. Il verbo deve essere transitivo.

1) ⎡N_1 に N_2 が V forma- て あります⎦
   ① 机の 上に メモが 置いて あります。
   Sul banco è posato bloc-notes.
   ② カレンダーに 今月の 予定が 書いて あります。
   Sul calendario c'è scritto il programma di questo mese.

2) ⎡N_2 は N_1 に V forma- て あります⎦
   Quando il N_2 viene posto come tema della frase, si usa la particella は.
   ③ メモは どこですか。
   …… [メモは] 机の 上に 置いて あります。
   Il bloc-notes dov'è?
   …… [Il bloc-notes] è posato sul banco.
   ④ 今月の 予定は カレンダーに 書いて あります。
   Il programma di questo mese è scritto sul calendario.

[Nota] La differenza tra V forma- て います e V forma- て あります
   ⑤ 窓が 閉まって います。　La finestra è chiusa.
   ⑥ 窓が 閉めて あります。　La finestra è stata chiusa [da qualcuno per qualche motivo].

Negli esempi ⑤ ⑥ vediamo come in base alla contrapposizione tra verbo intransitivo (しまります) + V forma- て います e verbo transitivo (しめます) + V forma- て あります possiamo distinguere due casi: quando si vuole esprimere semplicemente lo stato "la finestra è chiusa" (⑤) e quando si vuole indicare uno stato risultante dall'azione volontaria di qualcuno (⑥).

2. ⎡V forma- て おきます⎦

1) Esprime la necessità di portare a termine un'azione o attività necessarie, entro un certo tempo.
   ⑦ 旅行の まえに、切符を 買って おきます。
   Prima di [partire per il] viaggio, compro il biglietto.
   ⑧ 次の 会議までに 何を して おいたら いいですか。
   ……この 資料を 読んで おいて ください。
   Cosa c'è da fare prima della prossima riunione?
   …… Leggete per favore questi documenti [prima che la riunione inizi].

2) Esprime il completamento di un'azione necessaria in preparazione del prossimo utilizzo, o un provvedimento temporaneo.
   ⑨ はさみを 使ったら、元の 所に 戻して おいて ください。
   Dopo aver usato le forbici, rimettetele al loro posto per favore.

3) Esprime la continuazione dello stato risultante da un'azione.

⑩ あした 会議が ありますから、いすは この ままに して おいて ください。
   Siccome domani ci sarà la riunione, lasciate le sedie così come sono, per favore.

[Nota] Nella lingua parlata ～て おきます viene pronunciato spesso come ～ときます.

⑪ そこに 置いといて（置いて おいて）ください。
   Lascialo lì per favore. (L.38)

3. | まだ + **affermativo** | (sta) ancora ～

⑫ まだ 雨が 降って います。　　Sta ancora piovendo.
⑬ 道具を 片づけましょうか。
   ……まだ 使って いますから、その ままに して おいて ください。
   Mettiamo a posto gli attrezzi?
   …… Li sto ancora usando, quindi lasciali così come sono per favore.

Questo まだ significa "ancora", ed esprime la continuazione di un'azione o uno stato.

4. | とか |

とか si usa allo stesso modo di や per fare un elenco di esempi. Rispetto a や, とか è usato maggiormente in conversazione, e viene spesso posto dopo l'ultimo nome di un elenco.

⑭ どんな スポーツを して いますか。
   ……そうですね。テニスとか 水泳とか……。
   Che tipo di sport pratichi?
   …… Vediamo un po'. Tennis, nuoto......

5. | Particella di caso + も |

Quando も si attacca a un nome già seguito dalle particelle が o を, quest'ultime vengono omesse. Nel caso delle altre particelle (es. に, で, から, まで, と) も viene aggiunto per ultimo. La particella へ può essere omessa oppure no.

⑮ ほかにも いろいろ あります。　　Ce ne sono anche altri, di vario tipo.
⑯ どこ[へ]も 行きません。　　Non vado da nessuna parte.

Lezione 31

I. Vocaboli

つづけます II	続けます	continuare (qualcosa)
みつけます II	見つけます	trovare, scoprire
とります I	取ります	prendere [ferie]
［やすみを～］	［休みを～］	
うけます II	受けます	sostenere [un esame]
［しけんを～］	［試験を～］	
もうしこみます I	申し込みます	iscriversi, presentare una domanda
きゅうけいします III	休憩します	fare una pausa, riposare
れんきゅう	連休	giorni di vacanza consecutivi, ponte
さくぶん	作文	tema, composizione
はっぴょう	発表	annuncio, pubblicazione (～します: annunciare, rendere noto, dichiarare, pubblicare)
てんらんかい	展覧会	mostra, esposizione
けっこんしき	結婚式	nozze, cerimonia di matrimonio
［お］そうしき*	［お］葬式	funerale
しき*	式	cerimonia
ほんしゃ	本社	sede centrale
してん	支店	filiale, succursale
きょうかい	教会	chiesa
だいがくいん	大学院	scuola di dottorato, corso post laurea
どうぶつえん	動物園	zoo
おんせん	温泉	terme, sorgenti termali
かえり	帰り	ritorno
おこさん	お子さん	bambino/a, figlio/a (di altre persone)
ー ごう	ー 号	(classificatore per numero di treno, numero di tifone, etc.)
～の ほう	～の 方	verso ～, in direzione di ～
ずっと		continuamente, tutto il tempo
※バリ		Bali (un'isola dell'Indonesia)
※ピカソ		Pablo Picasso, pittore spagnolo (1881-1973)
※のぞみ		nome di una linea di Shinkansen (～42 号: Nozomi n° 42)

※新神戸   nome di una stazione nella prefettura di Hyogo

〈会話〉

残りますⅠ   rimanere, restare, avanzare
入学試験   esame d'ammissione
月に   al mese

〈読み物〉

村   villaggio, piccolo paese
卒業しますⅢ   laurearsi, diplomarsi, prendere la licenza elementare/media
映画館   cinema
嫌[な]   odioso, sgradevole, che non piace
空   cielo
閉じますⅡ   chiudere
都会   metropoli, grande città
子どもたち   bambini
自由に   liberamente, a piacere

II. Traduzione

Frasi modello
1. Andiamo insieme.
2. Sto pensando di fondare una mia società in futuro.
3. Il mese prossimo ho intenzione di comprare una macchina.

Frasi di esempio
1. Che fatica eh! Perché non riposiamo un attimo?
    ······Sì, facciamo così.
2. A capodanno cosa fai?
    ······Pensavo di andare alle terme con la mia famiglia.
3. Il resoconto è già pronto?
    ······No, non l'ho ancora scritto.
        Penso di sistemarlo entro venerdì.
4. Anche tornando al tuo paese, continuerai lo studio del giapponese?
    ······Sì, ho intenzione di continuarlo.
5. Per le vacanze estive non torni al tuo paese?
    ······No. Siccome sosterrò l'esame per il corso post laurea, quest'anno ho intenzione di non tornare.
6. Da domani faccio un viaggio di lavoro a New York.
    ······Ah, sì? Quando torni?
    Ho in programma di tornare il venerdì della prossima settimana.

Conversazione

Pensavo di imparare a cucinare

Ogawa: Dal mese prossimo sarò single.
Miller: Eh?
Ogawa: A dire il vero, mi trasferisco nella sede centrale di Osaka.
Miller: La sede centrale? Questa è una bella notizia, congratulazioni.
    Ma, perché diventa single?
Ogawa: È che mia moglie e mio figlio rimangono a Tokyo.
Miller: Eh? Non andate insieme?
Ogawa: No. Mio figlio dice che resta a Tokyo perché l'anno prossimo ha gli esami di ammissione all'università, e anche mia moglie dice che non vuole dimettersi dalla ditta dove lavora adesso.
Miller: Per questo abiterete separati?
Ogawa: Sì, ma ho intenzione di tornare a casa nei week-end, due o tre volte al mese.
Miller: È dura, eh.
Ogawa: Sì, però siccome è una buona occasione, pensavo di imparare a cucinare.
Miller: Questa è una buona idea!

III. Parole e informazioni utili

<ruby>専門<rt>せんもん</rt></ruby>　　Specializzazioni di studio

<ruby>医学<rt>いがく</rt></ruby>	medicina	<ruby>政治学<rt>せいじがく</rt></ruby>	scienze politiche
<ruby>薬学<rt>やくがく</rt></ruby>	farmacia	<ruby>国際関係学<rt>こくさいかんけいがく</rt></ruby>	relazioni internazionali
<ruby>化学<rt>かがく</rt></ruby>	chimica	<ruby>法律学<rt>ほうりつがく</rt></ruby>	giurisprudenza
<ruby>生化学<rt>せいかがく</rt></ruby>	biochimica	<ruby>経済学<rt>けいざいがく</rt></ruby>	economia
<ruby>生物学<rt>せいぶつがく</rt></ruby>	biologia	<ruby>経営学<rt>けいえいがく</rt></ruby>	economia aziendale
<ruby>農学<rt>のうがく</rt></ruby>	agraria	<ruby>社会学<rt>しゃかいがく</rt></ruby>	sociologia
<ruby>地学<rt>ちがく</rt></ruby>	geologia	<ruby>教育学<rt>きょういくがく</rt></ruby>	scienze dell'educazione
<ruby>地理学<rt>ちりがく</rt></ruby>	geografia	<ruby>文学<rt>ぶんがく</rt></ruby>	letteratura
<ruby>数学<rt>すうがく</rt></ruby>	matematica	<ruby>言語学<rt>げんごがく</rt></ruby>	linguistica
<ruby>物理学<rt>ぶつりがく</rt></ruby>	fisica	<ruby>心理学<rt>しんりがく</rt></ruby>	psicologia
<ruby>工学<rt>こうがく</rt></ruby>	ingegneria	<ruby>哲学<rt>てつがく</rt></ruby>	filosofia
<ruby>土木工学<rt>どぼくこうがく</rt></ruby>	ingegneria civile	<ruby>宗教学<rt>しゅうきょうがく</rt></ruby>	teologia (storia delle religioni)
<ruby>電子工学<rt>でんしこうがく</rt></ruby>	ingegneria elettronica	<ruby>芸術<rt>げいじゅつ</rt></ruby>	arte
<ruby>電気工学<rt>でんきこうがく</rt></ruby>	ingegneria elettrica	<ruby>美術<rt>びじゅつ</rt></ruby>	belle arti, arte
<ruby>機械工学<rt>きかいこうがく</rt></ruby>	ingegneria meccanica	<ruby>音楽<rt>おんがく</rt></ruby>	musica
コンピューター<ruby>工学<rt>こうがく</rt></ruby>	ingegneria informatica	<ruby>体育学<rt>たいいくがく</rt></ruby>	educazione fisica
<ruby>遺伝子工学<rt>いでんしこうがく</rt></ruby>	ingegneria genetica		
<ruby>建築学<rt>けんちくがく</rt></ruby>	architettura		
<ruby>天文学<rt>てんもんがく</rt></ruby>	astronomia		
<ruby>環境科学<rt>かんきょうかがく</rt></ruby>	scienze ambientali		

IV. Note grammaticali

1. Forma volitiva

La forma volitiva si ottiene partendo dalla forma-ます, come segue (cfr. Volume principale, Lezione 31, Esercizio A1).

Gruppo I: Si cambia il suono finale della forma-ます dalla colonna い alla colonna お, e si aggiunge una う alla fine.

か<u>き</u>―ます → か<u>こ</u>―う   いそ<u>ぎ</u>―ます → いそ<u>ご</u>―う
よ<u>み</u>―ます → よ<u>も</u>―う   あそ<u>び</u>―ます → あそ<u>ぼ</u>―う

Gruppo II: Si aggiunge よう alla forma-ます.

たべ―ます → たべ―よう   み―ます → み―よう

Gruppo III:

し―ます → し―よう   き―ます → こ―よう

2. Uso della forma volitiva

1) Come forma piana di 〜ましょう, in frasi a stile piano.

① ちょっと 休まない?   [Perché] non riposiamo un attimo?
　……うん、休もう。   ……Ok, riposiamoci.
② 手伝おうか。   Ti do una mano?
③ 傘を 持って 行こうか。   Portiamo l'ombrello?

[Nota] Nelle frasi interrogative in stile piano generalmente non si usa la particella か finale, ma nel caso di frasi interrogative con la forma piana di 〜ましょうか come la ② o la ③ è sempre necessario mantenere il か a fondo frase.

2) V forma volitiva と 思って います

Questa costruzione si usa per esprimere all'interlocutore la volontà del parlante. Ha lo stesso significato di V forma volitiva と おもいます, ma nel caso di V forma volitiva と おもって います si intende che la decisione è stata presa in un momento precedente e continua fino al presente.

④ 週末は 海へ 行こうと 思って います。
　　Per il fine settimana pensavo di andare al mare.
⑤ 今から 銀行へ 行こうと 思います。
　　Penso che ora andrò in banca.

[Nota] V forma volitiva と おもいます esprime solo le intenzioni del parlante, mentre V forma volitiva と おもって います può esprimere anche le intenzioni di una terza persona.

⑥ 彼は 学校を 作ろうと 思って います。
　　Lui pensa di costruire una scuola.

3. | V forma diz.
   | V (forma- ない) ない } つもりです

V forma diz. つもりです esprime un'intenzione. Per il negativo si usa generalmente V (forma- ない) ない つもりです .

⑦ 国へ 帰っても、日本語の 勉強を 続ける つもりです。

   Ho intenzione di continuare a studiare giapponese anche quando sarò tornato al mio paese.

⑧ あしたからは たばこを 吸わない つもりです。

   Da domani ho intenzione di non fumare [più].

[Nota] Tra V forma volitiva と おもって います e V forma diz. つもりです non c'è quasi nessuna differenza. Quando però si vuole esprimere una volontà precisa, o una decisione ferma, si usa più spesso V forma diz. つもりです .

4. | V forma diz.
   | N の } 予定です

In questo modo si informano le persone riguardo a un programma.

⑨ 7月の 終わりに ドイツへ 出張する 予定です。

   Ho in programma un viaggio di lavoro in Germania alla fine di luglio.

⑩ 旅行は 1週間ぐらいの 予定です。

   Il viaggio dovrebbe essere di circa una settimana.

5. まだ V forma- て いません

Quest'espressione indica che al momento della conversazione una certa condizione non si è ancora verificata, o una certa azione non è stata ancora completata.

⑪ 銀行は まだ 開いて いません。   La banca ancora non è aperta.

⑫ レポートは もう 書きましたか。   Hai già scritto il report?

   ……いいえ、まだ 書いて いません。   …… No, ancora non l'ho scritto.

6. 帰ります － 帰り

In alcuni casi è possibile utilizzare la forma- ます dei verbi come fossero nomi, come nelle frasi ⑬ e ⑭ .

⑬ 帰りの 新幹線は どこから 乗りますか。

   Da dove si prende lo Shinkansen per il ritorno?

⑭ 休みは 何曜日ですか。

   Qual è il giorno di riposo? (Il riposo, che giorno della settimana è?) (L.4)

Ecco altri esempi:

遊びます － 遊び   答えます － 答え

申し込みます － 申し込み   楽しみます (divertirsi) － 楽しみ

Lezione 32

I. Vocaboli

うんどうします Ⅲ	運動します	fare ginnastica/sport
せいこうします Ⅲ	成功します	avere successo
しっぱいします Ⅲ* [しけんに〜]	失敗します [試験に〜]	fallire [un esame]
ごうかくします Ⅲ [しけんに〜]	合格します [試験に〜]	superare, passare [un esame]
やみます Ⅰ [あめが〜]	[雨が〜]	[la pioggia] cessare, smettere
はれます Ⅱ	晴れます	schiarirsi, rasserenarsi (il cielo)
くもります Ⅰ	曇ります	rannuvolare
つづきます Ⅰ [ねつが〜]	続きます [熱が〜]	[la febbre] continuare
ひきます Ⅰ [かぜを〜]		prendere [il raffreddore]
ひやします Ⅰ	冷やします	raffreddare
こみます Ⅰ [みちが〜]	込みます [道が〜]	essere affollata/trafficata [una strada]
すきます Ⅰ [みちが〜]	[道が〜]	svuotarsi, liberarsi, essere poco frequentata [una strada]
でます Ⅱ [しあいに〜]	出ます [試合に〜]	partecipare, essere presente [a una partita]
[パーティーに〜]		partecipare, essere presente [a una festa]
むりを します Ⅲ	無理を します	fare l'impossibile, sforzarsi più del dovuto
じゅうぶん[な]	十分[な]	sufficiente
おかしい		strano, divertente, buffo
うるさい		rumoroso
せんせい	先生	dottore (medico)
やけど		ustione, bruciatura (〜を します: ustionarsi)
けが		ferita (〜を します: ferirsi)
せき		tosse (〜を します／〜が でます: avere la tosse)
インフルエンザ		influenza
そら	空	cielo
たいよう*	太陽	sole
ほし	星	stella
かぜ	風	vento

ひがし*	東	est
にし	西	ovest
みなみ	南	sud
きた*	北	nord

| こくさい～ | 国際～ | ～ internazionale |

すいどう	水道	acquedotto
エンジン		motore
チーム		squadra

こんや	今夜	stasera, stanotte
ゆうがた	夕方	tardo pomeriggio
まえ		～ fa, ～ prima (tempo)
おそく	遅く	tardi

こんなに*		così tanto
そんなに*		così tanto (riferito a cose vicine all'interlocutore)
あんなに		così tanto (riferito a cose lontane)

| ※ヨーロッパ | | Europa |

〈会話〉
元気	energia, vigore, buona salute
胃	stomaco
ストレス	stress
それは いけませんね。	Questo non va mica bene!

〈読み物〉
星占い	oroscopo
牡牛座	(costellazione del) Toro
働きすぎ	eccesso di lavoro
困りますI	avere un problema, essere in difficoltà
宝くじ	lotteria
当たりますI [宝くじが～]	vincere [a una lotteria]
健康	salute
恋愛	amore, innamoramento
恋人	fidanzato/a, innamorati
ラッキーアイテム	porta fortuna
石	pietra, sasso

II. Traduzione

Frasi modello
1. È meglio fare movimento tutti i giorni.
2. Domani dovrebbe nevicare.
3. Può darsi che non faccia in tempo per l'orario stabilito.

Frasi di esempio
1. Che ne pensi del lavoro part time degli studenti?
    ······Penso che sia una cosa buona. È meglio fare diverse esperienze quando si è giovani.
2. Vorrei andare in Europa a divertirmi per un mese circa, mi basteranno 400.000 yen?
    ······Penso che siano sufficienti, ma è meglio se non li porti in contanti.
3. Professore, come andrà l'economia giapponese?
    ······Beh, non migliorerà ancora per un bel po'.
4. Dottore, Hans ha l'influenza?
    ······Sì, è influenza. Può darsi che la febbre alta continui per 2 o 3 giorni, ma non c'è bisogno di preoccuparsi.
5. Il suono del motore è strano, no?
    ······Eh, sì. Può darsi che sia un guasto.
    Controlliamo un attimo.

Conversazione

È meglio che non si sforzi

Ogawa: Sig. Schmidt, è un po' giù, eh.
　　　　Cosa le è successo?
Schmidt: È che ultimamente non mi sento bene.
　　　　Ogni tanto mi fa male la testa, lo stomaco......
Ogawa: Questo non va bene. È impegnato col lavoro?
Schmidt: Sì. Faccio molti straordinari.
Ogawa: Può darsi che sia stress allora.
　　　　Sarebbe meglio se una volta si facesse vedere all'ospedale.
Schmidt: Eh, già.
Ogawa: È meglio che non si sforzi, sa.
Schmidt: Sì. Sto pensando di prendere le ferie quando sarà finito questo lavoro.
Ogawa: Questa è una buona idea!

III. Parole e informazioni utili

天気予報 （てんきよほう） Previsioni del tempo

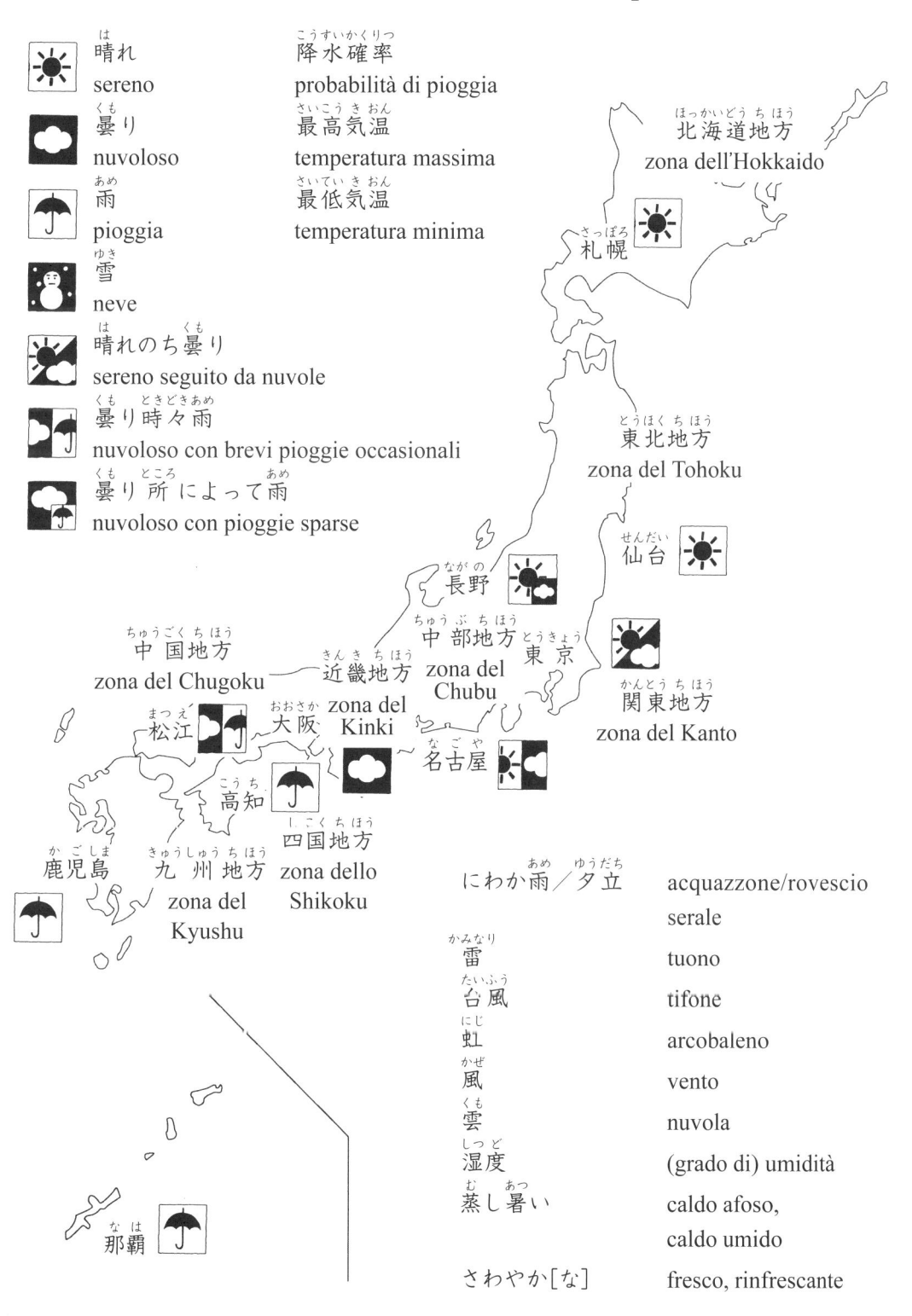

晴れ（は） — sereno
曇り（くも） — nuvoloso
雨（あめ） — pioggia
雪（ゆき） — neve
晴れのち曇り（は／くも） — sereno seguito da nuvole
曇り時々雨（くも／ときどきあめ） — nuvoloso con brevi pioggie occasionali
曇り所によって雨（くも／ところ／あめ） — nuvoloso con pioggie sparse

降水確率（こうすいかくりつ） — probabilità di pioggia
最高気温（さいこうきおん） — temperatura massima
最低気温（さいていきおん） — temperatura minima

北海道地方（ほっかいどうちほう） — zona dell'Hokkaido
札幌（さっぽろ）
東北地方（とうほくちほう） — zona del Tohoku
仙台（せんだい）
長野（ながの）
中部地方（ちゅうぶちほう） — zona del Chubu
東京（とうきょう）
関東地方（かんとうちほう） — zona del Kanto
中国地方（ちゅうごくちほう） — zona del Chugoku
近畿地方（きんきちほう） — zona del Kinki
松江（まつえ）
大阪（おおさか）
名古屋（なごや）
高知（こうち）
四国地方（しこくちほう） — zona dello Shikoku
鹿児島（かごしま）
九州地方（きゅうしゅうちほう） — zona del Kyushu
那覇（なは）

にわか雨（あめ）／夕立（ゆうだち） — acquazzone/rovescio serale
雷（かみなり） — tuono
台風（たいふう） — tifone
虹（にじ） — arcobaleno
風（かぜ） — vento
雲（くも） — nuvola
湿度（しつど） — (grado di) umidità
蒸し暑い（む／あつ） — caldo afoso, caldo umido
さわやか[な] — fresco, rinfrescante

IV. Note grammaticali

1.
```
V forma- た
V (forma- ない) ない     } ほうが いいです
```

① 毎日 運動した ほうが いいです。
   È meglio fare movimento tutti i giorni.

② 熱が あるんです。
   ……じゃ、おふろに 入らない ほうが いいですよ。
   Ho la febbre.
   …… Allora, è meglio se non fai il bagno.

Questa costruzione si usa per dare consigli o esortazioni all'interlocutore. V forma- た ほうが いいです indica la migliore tra due opzioni, e implicitamente può suggerire che l'altra scelta sia sbagliata. Per questo può a volte suonare come un'imposizione del proprio punto di vista all'interlocutore. Quando si vuole semplicemente suggerire una certa azione a qualcuno, è più sicuro utilizzare la costruzione 〜たら いい (Lezione 26).

③ 日本の お寺が 見たいんですが……。
   ……じゃ、京都へ 行ったら いいですよ。
   Vorrei vedere un tempio giapponese……
   …… Allora, dovresti andare a Kyoto!

2.
```
V           } forma piana
Agg- い     } forma piana
Agg- な     } forma piana       } でしょう
N           } 〜だ
```

〜でしょう viene utilizzato per esprimere in maniera non categorica il pensiero del parlante, riguardo fatti futuri o incerti.

④ あしたは 雨が 降るでしょう。
   Domani dovrebbe piovere.

⑤ タワポンさんは 合格するでしょうか。
   ……きっと 合格するでしょう。
   Il sig. Thawaphon sarà promosso?
   …… Sicuramente sarà promosso.

3.
```
V           } forma piana
Agg- い     } forma piana
Agg- な     } forma piana       } かも しれません
N           } 〜だ
```

〜かも しれません si utilizza per dire che la frase precedente ha una possibilità anche piccola di verificarsi.

⑥ 約束の 時間に 間に 合わないかも しれません。
   Può darsi che non faccia in tempo per l'orario stabilito.

4. V（forma-ます）ましょう

⑦　エンジンの 音が おかしいんですが。
　　……そうですね。故障かも しれません。ちょっと 調べましょう。

　　Il suono del motore è strano.
　　……　È vero. Può darsi che sia guasto. Controlliamo un attimo.

Il V (forma-ます)ましょう della frase ⑦ serve a comunicare l'intenzione del parlante all'interlocutore, e si usa nel caso in cui si propone di fare una certa azione. Rispetto a V (forma-ます)ましょうか (Lezione 14) ha un'accezione più propositiva.

5. Quantificatore で

Esprime il termine o il limite.

⑧　駅まで 30分で 行けますか。

　　In 30 minuti si può arrivare fino alla stazione?

⑨　3万円で パソコンが 買えますか。

　　Con 30.000 yen si può comprare un computer?

6. 何か 心配な こと

⑩　何か 心配な ことが あるんですか。

　　C'è qualche cosa che ti preoccupa?

Come nella frase ⑩, non si dice しんぱいな なにか ma なにか しんぱいな こと. Altre espressioni di questo tipo sono: なにか 〜 もの, どこか 〜 ところ, だれか 〜 ひと, いつか 〜 とき.

⑪　スキーに 行きたいんですが、どこか いい 所、ありますか。

　　Vorrei andare a sciare, c'è qualche buon posto?

Lezione 33

I. Vocaboli

にげます II	逃げます	scappare
さわぎます I	騒ぎます	fare chiasso, fare rumore, schiamazzare
あきらめます II		rinunciare, perdere la speranza, lasciar perdere
なげます II	投げます	lanciare
まもります I	守ります	rispettare, mantenere, osservare（regole）
はじまります I ［しきが～］	始まります ［式が～］	[una cerimonia] iniziare, cominciare
しゅっせきします III ［かいぎに～］	出席します ［会議に～］	essere presente, partecipare [a una riunione]
つたえます II	伝えます	comunicare
ちゅういします III ［くるまに～］	注意します ［車に～］	fare attenzione [alle macchine]
はずします I ［せきを～］	外します ［席を～］	allontanarsi [dal proprio posto]
もどります I	戻ります	tornare, rientrare
あります I ［でんわが～］	あります ［電話が～］	esserci [una telefonata]
リサイクルします III		riciclare
だめ［な］		impossibile, sbagliato
おなじ	同じ	stesso, uguale
けいさつ	警察	polizia, questura
せき	席	posto（a sedere）
マーク		segno, simbolo
ボール		palla, pallone
しめきり	締め切り	scadenza, chiusura, giorno di scadenza
きそく	規則	regola, regolamento, norma
きけん	危険	pericolo
しようきんし	使用禁止	fuori servizio, vietato usare
たちいりきんし	立入禁止	vietato entrare
じょこう	徐行	rallentare
いりぐち	入口	ingresso, entrata
でぐち	出口	uscita
ひじょうぐち	非常口	uscita di emergenza
むりょう	無料	gratis, gratuito
わりびき	割引	sconto, riduzione
のみほうだい	飲み放題	bevande a volontà

しようちゅう	使用中	occupato, in uso
ぼしゅうちゅう	募集中	cercasi
〜ちゅう	〜中	〜 in corso, durante 〜
どういう 〜		che 〜, quale 〜, che tipo di 〜
いくら [〜ても]		illimitatamente, a piacimento
もう		non più（＋ forma negativa）
あと 〜		〜 rimanente, altro 〜
〜ほど		circa 〜, più o meno 〜

⟨会話⟩

駐車違反	violazione di un divieto di sosta
罰金	multa, contravvenzione

⟨読み物⟩

地震	terremoto
起きますⅡ	accadere, avvenire, succedere
助け合いますⅠ	aiutarsi a vicenda
もともと	originariamente, sin dall'inizio
悲しい	triste
もっと	più, di più
あいさつ	saluto, discorso di saluto（〜を します：salutare, fare un discorso di saluto）
相手	interlocutore, partner, l'altro
気持ち	stato d'animo, sentimento, sensazione

II. Traduzione

Frasi modello
1. Sbrigati!
2. Non toccare!
3. "Tachiiri kinshi" significa che non si deve entrare.
4. Il sig. Miller diceva che sarebbe andato a Osaka per lavoro la settimana prossima.

Frasi di esempio
1. Basta! Non ce la faccio più a correre!
   ……Forza! Altri 500 metri!
2. Non ho più tempo.
   ……Hai ancora un minuto. Non mollare!
3. Non devi giocare in questo laghetto. Laggiù c'è scritto "Non entrare".
   ……Ah, è vero.
4. Come si legge quel kanji?
   ……È "kin'en".
      Significa che non si deve fumare.
5. Che cosa significa questo marchio?
   ……Significa che si può lavare in lavatrice.
6. C'è il sig. Gupta?
   ……Adesso è fuori. Ha detto che sarebbe tornato in circa trenta minuti.
7. Mi scusi, non potrebbe dire alla sig.na Watanabe che la festa di domani inizia dalle sei?
   ……D'accordo. Dalle sei, giusto?

Conversazione

Questo che cosa significa?

Watt:	Mi scusi, c'era questo foglio attaccato alla mia macchina, ma questo kanji come si legge?
Impiegata dell'Università:	È "Chusha ihan".
Watt:	Chusha ihan…… Che cosa significa?
Impiegata dell'Università:	Significa che ha parcheggiato la macchina dove non si può. Dov'è che l'ha parcheggiata?
Watt:	Davanti alla stazione. Sono andato a comprare una rivista, solo 10 minuti……
Impiegata dell'Università:	Se è davanti alla stazione, anche 10 minuti non si può!
Watt:	Davvero? Devo pagare la multa?
Impiegata dell'Università:	Sì, deve pagare 15.000 yen.
Watt:	Eh!? 15.000 yen? Ma la rivista costava 300 yen……

III. Parole e informazioni utili

標識 Segnali
ひょうしき

営業中 えいぎょうちゅう Aperto	 準備中 じゅんびちゅう Chiuso (in preparazione)	 閉店 へいてん Chiuso	定休日 ていきゅうび Giorno di chiusura (settimanale)
 化粧室 けしょうしつ Bagni	禁煙席 きんえんせき Posto per non fumatori	 予約席 よやくせき Posto riservato	非常口 ひじょうぐち Uscita di emergenza
火気厳禁 かきげんきん Infiammabile	割れ物注意 われものちゅうい Fragile	 運転初心者注意 うんてんしょしんしゃちゅうい Attenzione neopatentato	 工事中 こうじちゅう Lavori in corso
塩素系漂白剤不可 えんそけいひょうはくざいふか Non utilizzare candeggiante al cloro	 手洗い てあらい Lavaggio a mano	アイロン(低温) ていおん Stirare a bassa temperatura	 ドライクリーニング Lavare a secco

IV. Note grammaticali

1. Forma imperativa / Forma proibitiva

1) Come ottenere la forma imperativa (cfr. Volume principale, Lezione 33, Esercizio A1)
   Gruppo I: Si cambia il suono finale della forma- ます dalla colonna い alla colonna え.

   かきーます → かけ　　いそぎーます → いそげ
   よみーます → よめ　　あそびーます → あそべ

   Gruppo II: Si aggiunge ろ alla forma- ます.

   たべーます → たべろ　　みーます → みろ

   Eccezione: くれーます → くれろ
   Gruppo III: しーます → しろ　　きーます → こい

   [Nota] Con i verbi di stato come ある, できる, わかる non è possibile utilizzare la forma imperativa.

2) Come ottenere la forma proibitiva (cfr. Volume principale, Lezione 33, Esercizio A1)
   Si aggiunge な alla forma del dizionario.

2. Uso dell'imperativo e del proibitivo

L'imperativo è utilizzato per ordinare all'interlocutore di fare una certa azione, mentre il proibitivo è utilizzato per ordinare di non farla. Queste espressioni hanno un senso coercitivo che suona estremamente forte, e sono molto pochi i casi in cui si utilizzano a chiusura di una frase. Per quanto riguarda l'utilizzo nella conversazione quotidiana, questa costruzione è nella maggior parte dei casi utilizzata solo dagli uomini. I casi in cui l'imperativo e il proibitivo vengono utilizzati a chiusura di una frase sono i seguenti.

1) Quando un uomo con una posizione o un'età più alta si rivolge a un sottoposto o una persona più giovane, oppure quando un padre si rivolge al proprio figlio.

   ① 早く 寝ろ。　　　　　　　　Vai subito a letto.
   ② 遅れるな。　　　　　　　　Non fare tardi.

2) Tra amici maschi. Per smorzarne il tono si aggiunge spesso la particella よ a fine frase.

   ③ あした うちへ 来い[よ]。　　Domani vieni a casa mia.
   ④ あまり 飲むな[よ]。　　　　Non bere troppo.

3) In casi in cui non c'è tempo per rivolgersi cortesemente all'interlocutore, come negli ordini impartiti durante i lavori di squadra in una fabbrica, o in momenti di emergenza come incendi o terremoti. Anche in questi casi però generalmente l'uso è limitato a individui di sesso maschile, anziani o di grado superiore.

   ⑤ 逃げろ。　　　　　　　　　Scappa!
   ⑥ エレベーターを 使うな。　　Non usate l'ascensore!

4) Per impartire istruzioni durante esercitazioni di gruppo, lezioni di educazione fisica a scuola, o nelle attività sportive.

   ⑦ 休め。　　　　　　　　　　Riposo!
   ⑧ 休むな。　　　　　　　　　Non vi fermate!

5) Nei cori di incitamento a incontri sportivi. In questo caso è utilizzato anche dalle donne.

   ⑨ 頑張れ。　　　　　　　　　Forza!
   ⑩ 負けるな。　　　　　　　　Non perdete!

6) Quando è richiesto un forte impatto e immediatezza del messaggio, come nei segnali stradali.

⑪ 止まれ。　　　　　　　　　　　　　Stop.

⑫ 入るな。　　　　　　　　　　　　　Non entrare.

[Nota] Tra le costruzioni dell'imperativo c'è anche V (forma-ます)なさい. Usata dai genitori verso i figli o dai maestri verso gli alunni, questa forma ha un tono più cortese rispetto alla forma imperativa dei verbi di cui sopra. Le donne utilizzano questa costruzione al posto della forma imperativa dei verbi. Comunque non viene utilizzata verso persone di grado superiore.

⑬ 勉強しなさい。　　　　　　　　　　Studia!

3. ～と 書いて あります／～と 読みます

⑭ あの 漢字は 何と 読むんですか。　Come si legge quel kanji?

⑮ あそこに「止まれ」と 書いて あります。　Lì c'è scritto "stop".

Il と delle frasi ⑭ e ⑮ funziona come quello della costruzione ～と いいます (Lezione 21).

4. X は Y という 意味です

Questa costruzione si usa per definire il significato di X. と いう deriva da と いいます. Quando si vuole chiedere il significato di qualcosa, si utilizza l'interrogativa どういう.

⑯ 「立入禁止」は 入るなと いう 意味です。

"Tachiiri kinshi" significa che non si deve entrare.

⑰ この マークは どういう 意味ですか。　Che cosa significa questo marchio?

……洗濯機で 洗えると いう 意味です。　…… Significa che si può lavare in lavatrice.

5. "Frase" / Forma piana } と 言って いました

Quando si citano le parole di qualcuno si usa ～と いいました (Lezione 21), ma quando si trasmettono le parole di qualcuno come messaggio per qualcun altro si usa ～と いっていました.

⑱ 田中さんは「あした 休みます」と 言って いました。

Il sig. Tanaka ha detto "Domani non andrò a lavoro".

⑲ 田中さんは あした 休むと 言って いました。

Il sig. Tanaka mi ha detto che domani non andrà a lavoro.

6. "Frase" / Forma piana } と 伝えて いただけませんか

Quando si chiede gentilmente di trasmettere un messaggio.

⑳ ワンさんに「あとで 電話を ください」と 伝えて いただけませんか。

Potrebbe lasciar detto al sig. Wang "Mi telefoni più tardi"?

㉑ すみませんが、渡辺さんに あしたの パーティーは 6時からだと 伝えて いただけませんか。

Mi scusi, potrebbe dire alla sig.na Watanabe che la festa di domani inizia dalle sei?

Lezione 34

I. Vocaboli

みがきます I 　［はを〜］	磨きます 　［歯を〜］	lavarsi [i denti], lucidare
くみたてます II	組み立てます	montare, assemblare, costruire
おります I	折ります	piegare, spezzare, rompere
きが つきます I 　［わすれものに〜］	気が つきます 　［忘れ物に〜］	accorgersi [di un oggetto dimenticato]
つけます II 　［しょうゆを〜］		mettere, intingere [nella salsa di soia]
みつかります I 　［かぎが〜］	見つかります	essere ritrovata [una chiave]
しつもんします III	質問します	domandare
さします I 　［かさを〜］	［傘を〜］	tenere [un ombrello (aperto)]
スポーツクラブ		centro fitness, palestra, circolo sportivo
［お］しろ	［お］城	castello
せつめいしょ	説明書	manuale di istruzioni
ず	図	figura, schema, grafico, disegno
せん	線	linea
やじるし	矢印	freccia (segno)
くろ	黒	nero (sostantivo)
しろ*	白	bianco (sostantivo)
あか*	赤	rosso (sostantivo)
あお*	青	azzurro, blu (sostantivi)
こん	紺	blu scuro (sostantivo)
きいろ*	黄色	giallo (sostantivo)
ちゃいろ*	茶色	marrone (sostantivo)
しょうゆ		salsa di soia
ソース		salsa
おきゃく［さん］	お客［さん］	cliente, ospite
〜か 〜		〜 o 〜
ゆうべ		ieri sera
さっき		poco fa

〈会話〉

茶道	cerimonia del tè
お茶を たてます II	preparare il tè (per la cerimonia)
先に	prima (di qualcosa)
載せます II	mettere sopra, porre, caricare
これで いいですか。	Va bene così?
いかがですか。	Come è?
苦い	amaro

〈読み物〉

親子どんぶり	ciotola di riso bianco con uova e pollo
材料	ingredienti
～分	porzione per ～ (numero di persone) (indica quantità)
ーグラム	－ g (grammi)
一個	(classificatore per piccoli oggetti)
たまねぎ	cipolla
4分の1 (1/4)	un quarto
調味料	condimento
適当な 大きさに	di grandezza appropriata
なべ	pentola
火	fuoco, fiamma
火に かけます II	mettere sul fuoco
煮ます II	cuocere, bollire (trans.)
煮えます II	cuocere, bollire (intrans.)
どんぶり	ciotola (di ceramica)
たちます I	passare (tempo)

II. Traduzione

Frasi modello
1. Scrivo come ha detto l'insegnante.
2. Dopo aver mangiato (il pasto), mi lavo i denti.
3. Il caffè lo bevo senza mettere lo zucchero.

Frasi di esempio
1. Questo è un nuovo robot.
   ······Che tipo di robot è?
   Fa qualsiasi cosa così come l'ha fatta qualcuno.
2. Questo tavolo lo monto da solo?
   ······Sì, lo monti seguendo le istruzioni.
3. Aspetti un attimo. La salsa di soia va messa dopo aver messo lo zucchero.
   ······Ah, ho capito.
4. Dopo il lavoro perché non andiamo a bere?
   ······Mi dispiace, ma oggi è il giorno in cui vado in palestra.
5. Cosa andrà bene mettermi per andare al matrimonio del mio amico?
   ······Beh, in Giappone gli uomini ci vanno indossando un abito nero o blu con la cravatta bianca.
6. In questo ci si aggiunge la salsa?
   ······No, lo mangi senza aggiungerci niente.
7. Ultimamente, invece di prendere l'ascensore, uso le scale.
   ······È una buona ginnastica!

Conversazione

Fate per favore come ho fatto io

Klara:	Una volta vorrei vedere la cerimonia del tè......
Watanabe:	Allora perché non andiamo insieme sabato prossimo?
	···
Maestra del tè:	Sig.na Watanabe, prepari il tè per favore.
	Sig.ra Klara, prenda pure il dolce.
Klara:	Eh? Si mangia il dolce, prima?
Maestra del tè:	Sì. Se si beve il tè dopo aver mangiato il dolce, è buono.
Klara:	Davvero?
Maestra del tè:	Allora, beviamo il tè.
	Prima di tutto, prendiamo la tazza con la mano destra, e la poniamo sulla mano sinistra.
	Dopo di che, ruotiamo la tazza due volte, e poi beviamo.
Klara:	Sì.
Maestra del tè:	Allora, fate per favore come ho fatto io.
	···
Klara:	Va bene così?
Maestra del tè:	Sì. Com'è?
Klara:	È un po' amaro ma buono.

III. Parole e informazioni utili

料理 (りょうり) Cucina

料理 Cucina

煮る (に)	cuocere, bollire
焼く (や)	arrostire, cuocere al forno o sulla fiamma
揚げる (あ)	friggere
いためる	soffriggere
ゆでる	lessare
蒸す (む)	cuocere al vapore
炊く (た)	cuocere (il riso)
むく	sbucciare
刻む (きざ)	tritare
かき混ぜる (ま)	mescolare

調味料 (ちょうみりょう) Condimento

しょうゆ	salsa di soia
砂糖 (さとう)	zucchero
塩 (しお)	sale
酢 (す)	aceto
みそ	miso, pasta di soia fermentata
油 (あぶら)	olio, grasso
ソース	salsa worcester
マヨネーズ	maionese
ケチャップ	ketchup
からし（マスタード）	senape (mostarda)
こしょう	pepe
とうがらし	peperoncino
しょうが	zenzero, ginger
わさび	wasabi, rafano verde
カレー粉 (こ)	polvere di curry

台所用品 (だいどころようひん) Utensili da cucina

なべ	pentola	炊飯器 (すいはんき)	bollitore per il riso
やかん	bollitore (per l'acqua)	しゃもじ	mestolo di legno per il riso
ふた	coperchio	缶切り (かんき)	apriscatole
おたま	mestolo, ramaiolo	栓抜き (せんぬ)	apribottiglie, cavatappi
まな板 (いた)	tagliere	ざる	colino, scolapasta
包丁 (ほうちょう)	coltello da cucina	ポット	caffettiera
ふきん	panno da cucina	ガス台 (だい)	fornello a gas, cucina a gas
フライパン	padella	流し[台] (なが)(だい)	lavabo, lavandino (da cucina)
電子オーブンレンジ (でんし)	forno a microonde	換気扇 (かんきせん)	cappa di aspirazione

IV. Note grammaticali

1. $\begin{Bmatrix} V_1 \text{ forma-} た \\ N の \end{Bmatrix}$ とおりに、V_2

1) V_1 forma- た とおりに、V_2

   Indica che il V_2 viene effettuato con le stesse modalità o condizioni del V_1.

   ① わたしが やった とおりに、やって ください。
   Fai per favore così come ho fatto io.

   ② 見た とおりに 話して ください。
   Racconta cosa hai visto [così come lo hai visto].

2) N の とおりに、V

   Indica che l'azione del verbo viene effettuata secondo N.

   ③ 線の とおりに、紙を 切って ください。
   Tagliate la carta seguendo la linea.

   ④ 説明書の とおりに、組み立てました。
   L'ho montato seguendo le istruzioni.

   [Nota] Siccome とおり è un nome, è possibile farlo precedere direttamente da aggettivi dimostrativi come この, その, あの, che indicano un certo stato o modo di effettuare l'azione.

   ⑤ この とおりに、書いて ください。
   Scrivi in questo modo per favore.

2. $\begin{Bmatrix} V_1 \text{ forma-} た \\ N の \end{Bmatrix}$ あとで、V_2

Il V_2 indica qualcosa che succede dopo il V_1 o il N.

⑥ 新しいのを 買った あとで、なくした 時計が 見つかりました。
Dopo averne ricomprato uno nuovo, ho ritrovato l'orologio che avevo perso.

⑦ 仕事の あとで、飲みに 行きませんか。
Dopo il lavoro perché non andiamo a bere?

Rispetto alla costruzione V forma- てから (cfr. Lezione 16) che ha un significato simile, questa costruzione enfatizza il rapporto temporale tra le due azioni. Inoltre, a differenza di V forma- てから, il V_1 e il N qui non sono intesi come condizione o preparazione dell'azione del V_2.

3. $\begin{array}{l} \text{V}_1 \text{ forma- て} \\ \text{V}_1 (\text{forma- ない}) \text{ないで} \end{array} \Big\} \text{V}_2$

1) V_1 indica un'azione/stato accessorio a V_2. Per esempio negli esempi ⑧ e ⑨, nel momento in cui viene effettuata l'azione たべます, si indica anche se si condisce oppure no con la salsa di soia. Il soggetto del V_1 e V_2 è lo stesso.

   ⑧ しょうゆを つけて 食べます。
   Mangio intingendo nella salsa di soia.

   ⑨ しょうゆを つけないで 食べます。
   Mangio senza intingere nella salsa di soia.

2) La costruzione V_1 (forma- ない) ないで V_2, nel caso di due verbi (V_1 e V_2) che non possono essere effettuati allo stesso momento, può essere usata anche per indicare che fra i due si sceglie di effettuare l'azione V_2.

   ⑩ 日曜日は どこも 行かないで、うちで ゆっくり 休みます。
   Domenica riposo a casa con calma, senza andare da nessuna parte.

Lezione 35

I. Vocaboli

さきます I [はなが〜]	咲きます [花が〜]	fiorire, sbocciare [fiori]
かわります I [いろが〜]	変わります [色が〜]	[colore] cambiare
こまります I	困ります	avere un problema, essere in difficoltà
つけます II [まるを〜]	付けます [丸を〜]	fare [un cerchio]
なおります I [びょうきが〜] [こしょうが〜]	治ります、直ります [病気が〜] [故障が〜]	 [una malattia] guarire [un guasto] essere riparato
クリックします III		cliccare
にゅうりょくします III	入力します	inserire (testo al computer), digitare
ただしい	正しい	corretto
むこう	向こう	laggiù, dall'altra parte
しま	島	isola
みなと	港	porto
きんじょ	近所	vicinanze, pressi
おくじょう	屋上	terrazza sul tetto di un edificio
かいがい	海外	estero, paesi esteri (rispetto al Giappone)
やまのぼり	山登り	alpinismo, scalata
れきし	歴史	storia
きかい	機会	occasione, opportunità
きょか	許可	permesso, autorizzazione
まる	丸	cerchio
ふりがな		(kana posti accanto ai kanji per indicarne la pronuncia)
せつび	設備	attrezzatura, impianto
レバー		leva
キー		tasto (di una tastiera)
カーテン		tenda (da finestra)
ひも		corda, laccio
すいはんき	炊飯器	bollitore per il riso
は	葉	foglia
むかし	昔	una volta, i vecchi tempi
もっと		di più
これで おわりましょう。	これで 終わりましょう。	Finiamo qui.

※箱根(はこね)	località turistica e di villeggiatura nella prefettura di Kanagawa
※日光(にっこう)	località turistica nella prefettura di Tochigi
※アフリカ	Africa
※マンガミュージアム	Museo Internazionale del Manga di Kyoto
※みんなの学校(がっこう)	nome di una scuola di lingua giapponese (nome fittizio)
※大黒(だいこく)ずし	nome di un ristorante di sushi (nome fittizio)
※IMCパソコン教室(きょうしつ)	nome di una scuola di computer (nome fittizio)
※母(はは)の味(あじ)	titolo di un libro (nome fittizio)
※はる	nome di un negozio di parrucchiere (nome fittizio)
※佐藤歯科(さとうしか)	nome di uno studio dentistico (nome fittizio)
※毎日(まいにち)クッキング	nome di una scuola di cucina (nome fittizio)

〈会話(かいわ)〉

それなら	allora, se è così
夜行(やこう)バス	pullman notturno
さあ	umm, ehh, boh (si usa quando non si sa bene cosa dire o come rispondere)
旅行社(りょこうしゃ)	agenzia di viaggio
詳(くわ)しい	dettagliato
スキー場(じょう)	campo da sci, stazione sciistica
※草津(くさつ)	località di villeggiatura nella prefettura di Gunma
※志賀高原(しがこうげん)	altopiano che si trova nel parco nazionale della prefettura di Nagano

〈読(よ)み物(もの)〉

朱(しゅ)	cinabro, rosso vermiglio
交(ま)わりますⅠ	frequentare (un amico, un fidanzato)
ことわざ	proverbio
関係(かんけい)	relazione, rapporto
仲(なか)よく しますⅢ	fare amicizia, prendere confidenza
必要(ひつよう)[な]	necessario

II. Traduzione

Frasi modello
1. Quando arriva la primavera, sbocciano i fiori di ciliegio.
2. Se il tempo è buono, si vede l'isola laggiù.
3. Se è un viaggio in Hokkaido, è bene (andarci) a giugno.

Frasi di esempio
1. Non si apre il finestrino della macchina......
   ······Se premi quel bottone, si apre.
2. Ci sono altre opinioni?
   ······No, niente in particolare.
   Se non ce ne sono, finiamo qui.
3. Com'è la vita in Giappone?
   ······È molto comoda, ma se il costo della vita fosse un po' più basso, penso che sarebbe meglio.
4. Devo consegnare il resoconto entro domani?
   ······Se ti è impossibile, consegnalo entro venerdì.
5. Vorrei prendere un libro in prestito, come posso fare?
   ······Si faccia fare la tessera all'accettazione.
6. Pensavo di fare un viaggio di 2 o 3 giorni, non c'è un posto bello da qualche parte?
   ······Beh, se sono 2 o 3 giorni, penso vadano bene Hakone o Nikko.

Conversazione

Non c'è un posto bello da qualche parte?

Thawaphon: Sig. Suzuki, vorrei andare a sciare con gli amici per le vacanze invernali, non c'è un posto bello da qualche parte?
Suzuki: Di quanti giorni è il programma?
Thawaphon: Circa 3 giorni.
Suzuki: Se è così, penso vadano bene Kusatsu o Shiga kogen.
Ci sono anche le terme......
Thawaphon: Com'è che ci si arriva?
Suzuki: Ci si può arrivare anche con il treno della JR, ma se ci va con il pullman notturno è comodo perché arriva la mattina.
Thawaphon: Ah, sì? Quale è più economico?
Suzuki: Umm...... Se va all'agenzia di viaggio, può avere informazioni più dettagliate.
Thawaphon: Ah, e poi, le attrezzature e i vestiti per lo sci...... non ho niente......
Suzuki: Al campo di sci può prendere tutto in prestito, sa.
Se la cosa la preoccupa, può anche prenotarli all'agenzia di viaggio......
Thawaphon: Davvero? Grazie mille.

III. Parole e informazioni utili

ことわざ　　Proverbi

住めば都

A ogni uccello il suo nido è bello.
Qualunque sia il posto dove si abita, se ci si sta per lungo tempo finiamo per considerarlo il posto migliore del mondo.

三人寄れば文殊の知恵

Due teste sono meglio di una.
Quando tre persone si riuniscono per parlare di un problema, anche se non hanno un talento particolare riescono a tirare fuori una buona soluzione.

立てばしゃくやく、座ればぼたん、
　　　　　歩く姿はゆりの花

In piedi è un fiore, seduta è una peonia, quando cammina è un fior di giglio.
Una serie di metafore per indicare una donna bellissima.

ちりも積もれば山となる

Molti pochi fanno un assai.
Anche piccole quantità, se ammucchiate diventano una montagna.

うわさをすれば影

Parli del diavolo e spuntano le corna.
Quando una persona compare proprio mentre si stava parlando di lei.

苦あれば楽あり、楽あれば苦あり

La vita non è tutta rose e fiori.

Dopo una difficoltà può capitare qualcosa di bello, e viceversa. Nella vita non ci sono solo cose belle o solo cose brutte.

IV. Note grammaticali

1. Come costruire la forma condizionale (cfr. Volume principale, Lezione 35, Esercizio A1)

Gruppo I: Si cambia il suono finale della forma-ます dalla colonna い alla colonna え, e si aggiunge ば.
Gruppo II: Si aggiunge れば alla forma-ます.
Gruppo III: し－ます → すれば　　き－ます → くれば
[Nota] Per fare il condizionale di una forma negativa (es. いかない), si aggiunge なければ alla forma-ない (es. いか).
Agg-い: Si sostituisce い con ければ.
Agg-な: Si sostituisce な con なら.
N: Si aggiunge なら.

2. | Forma condizionale、～ |

1) Esprime le condizioni necessarie perché una certa conseguenza (proposizione principale) si verifichi.

　① ボタンを 押せば、窓が 開きます。　　　Se premi il bottone si apre la porta.
　② 彼が 行けば、わたしも 行きます。　　　Se va lui, vado anch'io.
　③ あした 都合が よければ、来て ください。Se domani hai tempo, vieni per favore.
　④ いい 天気なら、向こうに 島が 見えます。
　　　Se è bel tempo si vede l'isola dall'altra parte.

2) Esprime la decisione presa dal parlante una volta che questi ha recepito il discorso o la situazione dell'interlocutore.

　⑤ ボールペンが ないんですが。　　　　　Non ho la penna.
　　……ボールペンが なければ、鉛筆で 書いて ください。
　　…… Se non hai la penna, scrivi con il lapis.
　⑥ あしたまでに レポートを 出さなければ なりませんか。
　　……無理なら、金曜日までに 出して ください。
　　　Devo consegnare il report entro domani?
　　　…… Se [entro domani] ti è impossibile, consegnalo entro venerdì.

In generale nella conseguenza (proposizione principale) non si esprimono intenzione, desiderio, ordine, richiesta, etc., a parte nel caso in cui il soggetto della condizionale e della principale siano diversi (②) e nel caso in cui il predicato della condizionale indichi una situazione (③ e ⑤).

[Cfr.] Riepilogo di espressioni simili a quelle viste nella presente Lezione.

1) ～と (cfr. Lezione 23)

と si utilizza quando in seguito all'azione o allo stato che precede と, è inevitabile che si verifichi di conseguenza l'azione o lo stato indicato dalla principale. Nella conseguenza (proposizione principale) non possono comparire espressioni di volontà, desiderio, ordine o richiesta, etc.

　⑦ ここを 押すと、ドアが 開きます。　　Se premi qui, si apre la porta.

È possibile rendere lo stesso significato di ⑦ usando ～ば.

　⑧ ここを 押せば、ドアが 開きます。　　Se premi qui, si apre la porta.

2) ～たら (cfr. Lezione 25)
～たら può essere utilizzato (1) per esprimere una condizione ipotetica, (2) per indicare che una certa azione verrà compiuta o un certo stato si verificherà dopo che saranno soddisfatte e concluse le condizioni indicate nella frase seguita da V forma-たら. Nella conseguenza (periodo principale) è possibile utilizzare espressioni di volontà, desiderio, ordine o richiesta.

⑨ 東京へ 来たら、ぜひ 連絡して ください。
　　Se vieni a Tokyo, chiamami assolutamente.
　×東京へ 来ると、ぜひ 連絡して ください。
　×東京へ 来れば、ぜひ 連絡して ください。

⑩ 田中さんが 東京へ 来れば、[わたしは] 会いに 行きます。
　　Se il sig. Tanaka viene a Tokyo [io] andrò a incontrarlo.

Nella frase ⑨, siccome nella conseguenza (periodo principale) si esprime la volontà del parlante, è possibile utilizzare ～たら ma non ～と、～ば. Tuttavia, come mostrato nell'esempio ⑩, quando il soggetto della condizionale è diverso da quello della conseguenza (periodo principale) è comunque possibile utilizzare ～ば anche se la principale esprime la volontà del parlante. In altre parole, ～たら è la forma che si presta al maggior numero di utilizzi, ma essendo una forma prettamente parlata, raramente viene usata in forma scritta.

3. Interrogativo V forma condiz. いいですか

Espressione per chiedere aiuto o indicazioni all'interlocutore. Si può utilizzare allo stesso modo di ～たら いいですか visto nella Lezione 26.

⑪ 本を 借りたいんですが、どう すれば いいですか。
　　Vorrei prendere un libro in prestito, come posso fare?

⑫ 本を 借りたいんですが、どう したら いいですか。
　　Vorrei prendere un libro in prestito, come posso fare? (L.26)

4. N なら、～

N なら、～ può essere utilizzato anche nel caso in cui, una volta recepito il discorso dell'interlocutore, si voglia aggiungere a questo altre informazioni.

⑬ 温泉に 行きたいんですが、どこが いいですか。
　　……温泉なら、白馬が いいですよ。
　　Vorrei andare alle terme, dov'è un buon posto?
　　…… [Se vuoi andare] alle terme, quelle di Hakuba sono belle.

5. ～は ありませんか (frase interrogativa negativa)

⑭ 2、3日 旅行を しようと 思って いるんですが、どこか いい 所は ありませんか。
　　Pensavo di fare un viaggio di due o tre giorni, non c'è un posto bello da qualche parte?

Nell'esempio ⑭, いい ところは ありませんか ha lo stesso significato di いい ところは ありますか, ma comporta un maggior riguardo verso l'interlocutore. Infatti, nel caso in cui l'interlocutore non sappia rispondere, la domanda in forma negativa ありませんか rende più semplice e meno scortese rispondere "no". Per questo la forma interrogativa negativa suona in generale più cortese. La risposta a questa domanda può essere はい、あります o いいえ、ありません.

Lezione 36

I. Vocaboli

あいますI		imbattersi in, avere [un incidente]
[じこに〜]	[事故に〜]	
ちょきんしますIII	貯金します	mettere (denaro) da parte, risparmiare
すぎますII	過ぎます	passare [le 7:00]
[7じを〜]	[7時を〜]	
なれますII	慣れます	abituarsi [a un lavoro]
[しごとに〜]	[仕事に〜]	
くさりますI	腐ります	marcire, andare a male, guastarsi [il cibo]
[たべものが〜]	[食べ物が〜]	
けんどう	剣道	kendo (scherma giapponese)
じゅうどう*	柔道	judo
ラッシュ		ora di punta
うちゅう	宇宙	cosmo, spazio
きょく	曲	brano musicale, canzone
まいしゅう	毎週	tutte le settimane, ogni settimana
まいつき*	毎月	tutti i mesi, ogni mese
まいとし*	毎年	tutti gli anni, ogni anno
(まいねん)		
このごろ		recentemente, ultimamente
やっと		finalmente
かなり		abbastanza
かならず	必ず	assolutamente, a ogni costo, necessariamente
ぜったいに	絶対に	assolutamente, obbligatoriamente
じょうずに	上手に	abilmente
できるだけ		possibilmente, quanto più possibile
ほとんど		quasi tutto (nella frase affermativa), quasi niente (nella frase negativa)
※ショパン		Chopin, musicista polacco (1810-1849)

〈会話〉

お客様	ospite, cliente (forma onorifica di おきゃくさん)
特別[な]	speciale, particolare
して いらっしゃいます	fare (abitualmente), star facendo (forma onorifica di 〜して います)
水泳	nuoto
違います I	essere diverso/differente
使って いらっしゃるんですね。	Lo sta usando vero? (forma onorifica di つかって いるんですね)
チャレンジします III	mettersi alla prova, sfidare
気持ち	sensazione, voglia, sentimento (di sfida)

〈読み物〉

乗り物	veicolo, mezzo di trasporto
一世紀	− secolo
遠く	(luogo) lontano
珍しい	raro, insolito
汽車	treno a vapore
汽船	nave a vapore
大勢の 〜	tanta (gente), numerose (persone)
運びます I	trasportare, portare
利用します III	utilizzare
自由に	liberamente, a piacere

II. Traduzione

Frasi modello
1. Mi alleno tutti i giorni per diventare capace di nuotare veloce.
2. Finalmente ho imparato ad andare in bicicletta. (lett. Finalmente sono diventato capace di andare in bicicletta.)
3. Sto cercando di scrivere il diario tutti i giorni.

Frasi di esempio
1. Quello è un dizionario elettronico?
   ……Sì. Lo porto con me per poterlo consultare all'istante, se trovo parole che non conosco.
2. Che cosa significano i cerchi rossi sul calendario?
   ……Sono i giorni della raccolta dei rifiuti. Sono segnati per non dimenticarli.
3. Ti sei già abituato al cibo giapponese?
   ……Sì. Inizialmente non riuscivo a mangiarlo, ma adesso posso mangiare qualsiasi cosa.
4. Adesso sei capace di suonare i brani di Chopin?
   ……No, non ancora.
   Vorrei diventare capace di suonarli presto.
5. È stata costruita una strada nuova vero?
   ……Sì. Adesso possiamo tornare al paese di mio marito in quattro ore.
6. I cibi dolci non li mangi?
   ……No. Per quanto possibile sto cercando di non mangiarli.
7. L'esame inizia alle nove. Cercate assolutamente di non fare tardi, perché se arrivate in ritardo non potrete entrare.
   ……Sì, abbiamo capito.

Conversazione

Sto cercando di fare movimento tutti i giorni

Annunciatore: Signore e signori, buon pomeriggio. L'ospite di oggi è la sig.ra Yone Ogawa che quest'anno compie 80 anni.
Yone Ogawa: Buon pomeriggio.
Annunciatore: Lei è in forma, eh! Fa qualcosa di particolare?
Yone Ogawa: Sto cercando di fare movimento tutti i giorni.
Annunciatore: Che tipo di movimento?
Yone Ogawa: Danza, nuoto……
   Ultimamente sono diventata capace di nuotare per 500 metri.
Annunciatore: Fantastico! E il cibo?
Yone Ogawa: Mangio di tutto, ma mi piace soprattutto il pesce.
   Cerco di preparare piatti diversi tutti i giorni.
Annunciatore: Utilizza molto la testa e il corpo, eh.
Yone Ogawa: Sì. L'anno prossimo pensavo di andare in Francia, per questo ho iniziato anche lo studio del francese.
Annunciatore: È importante avere voglia di mettersi alla prova su tutto eh!
   Grazie mille per la divertente chiacchierata.

III. Parole e informazioni utili

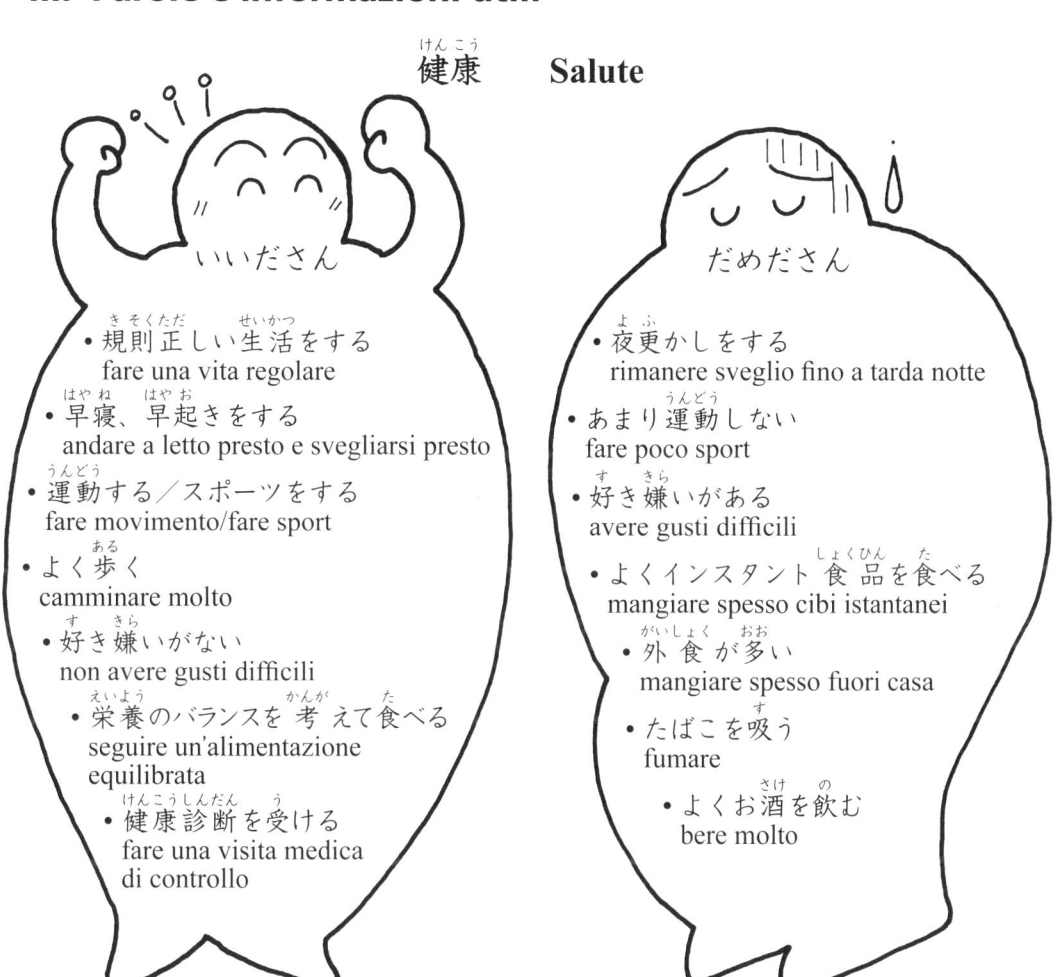

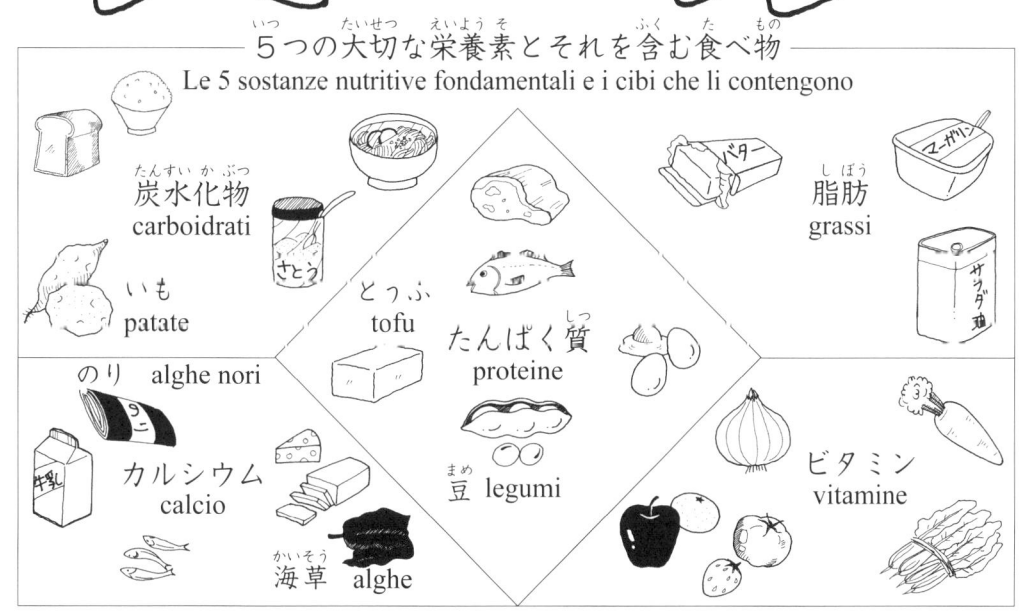

健康 (けんこう) Salute

いいださん
- 規則正しい生活をする
  fare una vita regolare
- 早寝、早起きをする
  andare a letto presto e svegliarsi presto
- 運動する／スポーツをする
  fare movimento/fare sport
- よく歩く
  camminare molto
- 好き嫌いがない
  non avere gusti difficili
- 栄養のバランスを考えて食べる
  seguire un'alimentazione equilibrata
- 健康診断を受ける
  fare una visita medica di controllo

だめださん
- 夜更かしをする
  rimanere sveglio fino a tarda notte
- あまり運動しない
  fare poco sport
- 好き嫌いがある
  avere gusti difficili
- よくインスタント食品を食べる
  mangiare spesso cibi istantanei
- 外食が多い
  mangiare spesso fuori casa
- たばこを吸う
  fumare
- よくお酒を飲む
  bere molto

5つの大切な栄養素とそれを含む食べ物
Le 5 sostanze nutritive fondamentali e i cibi che li contengono

- 炭水化物 carboidrati
- いも patate
- のり alghe nori
- カルシウム calcio
- 海草 alghe
- とうふ tofu
- たんぱく質 proteine
- 豆 legumi
- 脂肪 grassi
- ビタミン vitamine

IV. Note grammaticali

1. $\begin{array}{l}\text{V}_1 \text{ forma diz.} \\ \text{V}_1 (\text{forma-}ない)ない\end{array}\Big\}$ ように、V_2

Questa espressione si utilizza per dire che il V_2 ha come obiettivo il raggiungimento dello stato indicato dal V_1. Prima di ように si utilizzano verbi che non esprimono volontà (es. verbi potenziali o verbi come わかります, みえます, きこえます, なります) nella forma del dizionario (①), o verbi in forma negativa (②).

① 速く 泳げるように、毎日 練習して います。
   Mi alleno tutti i giorni per diventare capace di nuotare veloce.
② 忘れないように、メモして ください。
   Per non dimenticarlo, annotalo per favore.

2. V forma diz. ように なります

1) なります indica un cambiamento di stato. Se preceduta da verbi potenziali o verbi come わかります, みえます, la costruzione V forma diz. ように なります indica che uno stato o condizione precedentemente impossibile è diventato possibile.

③ 毎日 練習すれば、泳げるように なります。
   Se ti alleni ogni giorno, diventerai capace di nuotare.
④ やっと 自転車に 乗れるように なりました。
   Finalmente ho imparato ad andare in bicicletta (lett. Finalmente sono diventato capace di andare in bicicletta).

2) Quando si risponde con いいえ e la forma negativa a una domanda del tipo 〜ように なりましたか, la frase diventa come segue.

⑤ ショパンの 曲が 弾けるように なりましたか。
   ……いいえ、まだ 弾けません。
   Adesso sei capace di suonare i brani di Chopin?
   …… Non, non so ancora suonarli.

[Nota] Nel Volume principale non viene presentata, ma quando in questa costruzione compaiono altri verbi diversi da un potenziale o わかります, みえます, questo indica che si è presa un'abitudine che in passato non si aveva, come mostrato nell'esempio ⑥.

⑥ 日本人は 100年ぐらいまえから 牛肉や 豚肉を 食べるように なりました。
   I giapponesi da circa 100 anni hanno preso l'abitudine a mangiare carne di manzo e di maiale.

3. $\begin{array}{|l|} \hline \text{V forma diz.} \\ \text{V (forma- ない) ない} \\ \hline \end{array}$ ように します

1) 〜ように して います

   Indica lo sforzo di mantenere una certa abitudine.

   ⑦ 毎日 運動して、何でも 食べるように して います。

   Sto cercando di fare movimento tutti i giorni e mangiare di tutto.

   ⑧ 歯に 悪いですから、甘い 物を 食べないように して います。

   Siccome fanno male ai denti, sto cercando di non mangiare cose dolci.

2) 〜ように して ください

   Espressione per chiedere a qualcuno di sforzarsi a compiere un'azione. Rispetto a 〜て／〜ないで ください, che esprime una richiesta diretta, 〜ように して ください è un'espressione più indiretta e dunque risulta più cortese di 〜て／〜ないで ください. Si utilizza nel modo seguente.

   ⑨ もっと 野菜を 食べるように して ください。

   Cerca di mangiare più verdura per favore.

   ⑩ 絶対に パスポートを なくさないように して ください。

   Fai assolutamente in modo di non perdere il passaporto per favore.

   [Nota] 〜ように して ください non si può utilizzare per una richiesta immediata.

   ⑪ すみませんが、塩を 取って ください。

   Scusi, mi passerebbe il sale per favore?

   ×すみませんが、塩を 取るように して ください。

4. 早い→早く　　上手な→上手に

Quando un aggettivo funge da modificatore di altri aggettivi o verbi, questo prende la forma 〜く nel caso di Agg-い, e la forma 〜に nel caso di Agg-な.

⑫ 早く 上手に お茶が たてられるように なりたいです。

Vorrei diventare presto capace di preparare bene il tè (per la cerimonia).

Lezione 37

I. Vocaboli

ほめますⅡ	褒めます	lodare
しかりますⅠ		rimproverare
さそいますⅠ	誘います	invitare, proporre
しょうたいしますⅢ	招待します	invitare
たのみますⅠ	頼みます	chiedere (un favore), richiedere
ちゅういしますⅢ	注意します	fare un'osservazione, ammonire, avvisare
とりますⅠ		rubare
ふみますⅠ	踏みます	calpestare
こわしますⅠ	壊します	rompere, distruggere
よごしますⅠ	汚します	sporcare, macchiare
おこないますⅠ	行います	aver luogo, fare, effettuare, sostenere
ゆしゅつしますⅢ	輸出します	esportare
ゆにゅうしますⅢ	輸入します	importare
ほんやくしますⅢ	翻訳します	tradurre
はつめいしますⅢ	発明します	inventare
はっけんしますⅢ	発見します	scoprire
こめ*	米	riso
むぎ	麦	grano, orzo
せきゆ	石油	petrolio
げんりょう	原料	materia prima
インスタントラーメン		noodle istantanei, spaghetti liofilizzati
デート		appuntamento col fidanzato/a
どろぼう	泥棒	ladro
けいかん	警官	poliziotto, agente di polizia
せかいじゅう	世界中	tutto il mondo
〜じゅう	〜中	tutto il 〜, tutta la 〜
ー せいき	ー世紀	ー secolo
なにご	何語	quale lingua
だれか		qualcuno
よかったですね。		Bene!/Meno male!
※オリンピック		Olimpiadi
※ワールドカップ		Coppa del mondo
※東大寺 (とうだいじ)		tempio Todaiji
※大仏 (だいぶつ)		grande statua del Budda
※江戸時代 (えどじだい)		periodo Edo (1603-1868)
※ポルトガル		Portogallo

※サウジアラビア	Arabia Saudita
※ロシア	Russia

〈会話〉

皆様（みなさま）	signore e signori, tutti (i presenti) (forma onorifica di みなさん)
焼けますⅡ [うちが〜]	[una casa] bruciare, essere distrutta dal fuoco
その後（ご）	dopo di che, in seguito
世界遺産（せかいいさん）	patrimonio mondiale dell'UNESCO
〜の 一つ（ひと）	uno di 〜
金色（きんいろ）	color oro
本物（ほんもの）	vero, autentico, reale
金（きん）	oro
ーキロ	− kg (chilogrammi), − km (chilometri)
美（うつく）しい	bello

〈読み物〉

豪華（ごうか）[な]	lussuoso, magnifico, fastoso
彫刻（ちょうこく）	scultura, incisione
言（い）い伝（つた）え	leggenda
眠（ねむ）りますⅠ	dormire
彫（ほ）りますⅠ	scolpire, incidere
仲間（なかま）	compagno, amico
しかし	ma, però, tuttavia
その あと	dopo di che, in seguito
一生懸命（いっしょうけんめい）	con molto impegno, con tutte le forze
ねずみ	topo
一匹（いっぴき）も いません。	Non ce n'è nemmeno uno.
※東照宮（とうしょうぐう）	santuario shintoista che si trova a Nikko nella prefettura di Tochigi, dedicato a Tokugawa Ieyasu
※眠（ねむ）り猫（ねこ）	Il gatto che dorme (titolo di una scultura)
※左甚五郎（ひだりじんごろう）	famoso scultore del periodo Edo (1594-1651)

II. Traduzione

Frasi modello
1. Quando ero bambino, venivo spesso rimproverato da mia madre.
2. Mi hanno pestato (mi è stato pestato) un piede sul treno dell'ora di punta.
3. Il tempio Horyuji fu costruito nel 607.

Frasi di esempio
1. Stamattina sono stato chiamato dal capo dipartimento.
   ……È successo qualcosa?
   Sono stato ripreso riguardo al modo in cui scrivo i resoconti dei viaggi di lavoro.
2. Ma che è successo?
   ……È che qualcuno ha scambiato l'ombrello (con il mio).
3. È stata scoperta ancora una volta una nuova stella!
   ……Davvero?
4. Dove sarà tenuto quest'anno il congresso internazionale dei bambini?
   ……Sarà tenuta a Hiroshima.
5. La birra si produce dal grano. Questa è la materia prima, il grano.
   ……Questo diventa birra, eh.
6. In Brasile che lingua si usa?
   ……Si usa il portoghese.

Conversazione

Il Kinkakuji fu costruito nel XIV secolo

Guida turistica: Signore e signori, quello è il famoso Kinkakuji.
Il Kinkakuji fu costruito nel XIV secolo.
Una volta nel 1950 venne distrutto dal fuoco, ma in seguito fu costruito il nuovo edificio, e nel 1994 divenne Patrimonio dell'Unesco.
È uno dei templi più popolari di Kyoto.

Karina: Che bello. I muri sono dorati... ma è vero oro?

Guida turistica: Sì. Sono stati utilizzati circa 20 chili di oro.

Karina: Davvero? Si può entrare lì dentro?

Guida turistica: No, dentro non si può entrare.
Guardatelo mentre camminate intorno al laghetto.
……………………………………………………

Karina: Che belli gli aceri, eh.

Guida turistica: Sì. Si dice che il Kinkakuji sia particolarmente bello nella stagione degli aceri e della neve.

III. Parole e informazioni utili

事故・事件 (じこ・じけん) Incidenti e fatti di cronaca

殺す (ころす)	uccidere
撃つ (うつ)	sparare
刺す (さす)	accoltellare, ferire con armi da taglio
かむ	mordere
ひく	investire, mettere sotto con la macchina
はねる	investire, colpire (un pedone) con la macchina
衝突する (しょうとつする)	scontrarsi con ~, urtare contro ~
追突する (ついとつする)	tamponare
盗む (ぬすむ)	rubare
誘拐する (ゆうかいする)	sequestrare (persona), rapire
ハイジャックする	dirottare
墜落する (ついらくする)	precipitare
運ぶ (はこぶ)	trasportare
助ける (たすける)	salvare
爆発する (ばくはつする)	esplodere
沈没する (ちんぼつする)	affondare

IV. Note grammaticali

1. Verbi passivi

		Verbi passivi	
		Forma cortese	Forma piana
I	かきます	かかれます	かかれる
II	ほめます	ほめられます	ほめられる
III	きます	こられます	こられる
	します	されます	される

(cfr. Volume principale, Lezione 37, Esercizio A1)

I verbi passivi si coniugano come i verbi del Gruppo II.
Es. かかれます　かかれる　かかれ(ない)　かかれて

2. N_1(persona$_1$)は N_2(persona$_2$)に V passivo

Questa costruzione esprime un'azione condotta dalla persona$_2$ nei confronti della persona$_1$, dal punto di vista di chi ha subito quell'azione (persona$_1$).
La persona$_1$ si pone come tema della frase, e l'agente (persona$_2$) viene indicato dalla particella に.

　　先生が わたしを 褒めました。　　　　　Il maestro mi ha elogiato.
① わたしは 先生に 褒められました。　　　Io sono stato elogiato dal maestro.
　　母が わたしに 買い物を 頼みました。
　　La mamma mi ha chiesto [di fare] la spesa.
② わたしは 母に 買い物を 頼まれました。
　　Mi è stato chiesto dalla mamma [di fare] la spesa.

L'agente dell'azione può essere anche un oggetto animato o non (animali, automobili, etc.).

③ わたしは 犬に かまれました。　　　　　Io sono stato morso dal cane.

3. N_1(persona$_1$)は N_2(persona$_2$)に N_3 を V passivo

La persona$_2$ effettua un'azione su un oggetto (N_3) posseduto dalla persona$_1$, e questa azione è, nella maggior parte dei casi, percepita dalla persona$_1$ (il proprietario di N_3) come un fastidio.

　　弟が わたしの パソコンを 壊しました。
　　Mio fratello minore ha rotto il mio computer.
④ わたしは 弟に パソコンを 壊されました。
　　Mi è stato rotto il computer da mio fratello minore.

L'agente dell'azione può essere anche un oggetto animato o non (animali, automobili, etc.).

⑤ わたしは 犬に 手を かまれました。　　Mi è stata morsa la mano da un cane.

[Nota 1] Quello che viene posto come tema della frase non è l'oggetto che subisce l'azione, ma la persona (il proprietario) che percepisce l'azione come un fastidio. Per esempio la frase ④ non diventa わたしの パソコンは おとうとに こわされました．

[Nota 2] Poiché nella maggior parte dei casi questa costruzione indica che la persona che subisce l'azione la percepisce come un fastidio, è necessario prestare attenzione. Nel caso in cui si riceva un favore per il quale si prova gratitudine, è meglio utilizzare la forma ～て もらいます.

×わたしは 友達に 自転車を 修理されました。

⑥ わたしは 友達に 自転車を 修理して もらいました。
   Mi ha riparato la bicicletta un amico (lett. Io ho ricevuto il favore di riparare la bicicletta da un amico).

4. N(oggetto/fatto)が／は V passivo

Quando si descrive un certo fatto, nel caso in cui non si consideri un problema che qualcuno compia una certa azione, è possibile utilizzare il V passivo, ponendo l'oggetto o il fatto in questione come soggetto o tema della frase.

⑦ 大阪で 展覧会が 開かれました。
   A Osaka si è tenuta una mostra.

⑧ 電話は 19世紀に 発明されました。
   Il telefono è stato inventato nel 19° secolo.

⑨ この 本は 世界中で 読まれて います。
   Questo libro viene letto in tutto il mondo.

5. Nから／Nで つくります

Quando si costruisce qualcosa partendo da una materia prima, quest'ultima si indica con から, nel caso di un materiale o un ingrediente questo si indica con で.

⑩ ビールは 麦から 造られます。
   La birra si produce dal grano.

⑪ 昔 日本の 家は 木で 造られました。
   Una volta le case giapponesi si costruivano col legno.

6. N₁ の N₂

⑫ ビールは 麦から 造られます。   La birra si produce dal grano.
   これが 原料の 麦です。   Questa è la materia prima, il grano.

Nell'esempio ⑫, げんりょうの むぎ indica che il grano è la materia prima in questione. Altri esempi sono ペットの いぬ (Lezione 39) o むすこの ハンス (Lezione 43).

7. この／その／あの N(posizione)

I nomi che indicano posizione, come うえ, した, なか, となり, ちかく, se preceduti da この, その, あの indicano il rapporto di posizione con l'oggetto indicato dal dimostrativo.

⑬ あの 中に 入れますか。   Si può entrare lì dentro?

あの なか dell'esempio ⑬ ha il senso di あの たてものの なか.

Lezione 38

I. Vocaboli

さんかします Ⅲ 　［りょこうに～］	参加します 　［旅行に～］	partecipare [al viaggio]
そだてます Ⅱ	育てます	coltivare, crescere
はこびます Ⅰ	運びます	trasportare, portare
にゅういんします Ⅲ	入院します	essere ricoverato in ospedale
たいいんします Ⅲ	退院します	essere dimesso dall'ospedale
いれます Ⅱ* 　［でんげんを～］	入れます 　［電源を～］	accendere [l'interruttore], inserire 　[corrente elettrica]
きります Ⅰ 　［でんげんを～］	切ります 　［電源を～］	spegnere [l'interruttore], interrompere 　[corrente elettrica]
かけます Ⅱ 　［かぎを～］	掛けます	chiudere [a chiave]
つきます Ⅰ 　［うそを～］		dire [una bugia]
きもちが いい	気持ちが いい	gradevole, piacevole
きもちが わるい*	気持ちが 悪い	sgradevole, spiacevole
おおきな ～	大きな ～	～ grande
ちいさな ～	小さな ～	～ piccolo
あかちゃん	赤ちゃん	bambino, neonato
しょうがっこう	小学校	scuola elementare
ちゅうがっこう*	中学校	scuola media
えきまえ	駅前	davanti alla stazione
かいがん	海岸	riva del mare, costa
こうじょう	工場	fabbrica
むら	村	villaggio, piccolo paese
かな		alfabeti fonetici giapponesi, hiragana e katakana
ゆびわ	指輪	anello
でんげん	電源	interruttore, corrente elettrica
しゅうかん	習慣	abitudine, usanza, costume
けんこう	健康	salute
～せい	～製	fabbricato in ～, made in ～
おととし		due anni fa

[あ、] いけない。	[Oh,] no! (si usa quando si sbaglia qualcosa)
おさきに [しつれいします]。 お先に [失礼します]。	[Con permesso] vado prima io.
※原爆ドーム	Memoriale della pace di Hiroshima
※出雲大社	santuario shintoista che si trova nella città di Izumo, prefettura di Shimane
※チェンマイ	Chiang Mai (in Thailandia)

〈会話〉

回覧	avviso circolare
研究室	studio, laboratorio di ricerca
きちんと	in modo ordinato, accuratamente
整理します Ⅲ	mettere in ordine
方法	metodo, modo, maniera
～と いう	che si chiama ～, intitolato ～
一冊	(classificatore per libri, etc.)
はんこ	timbro
押します Ⅰ [はんこを～]	mettere [un timbro], timbrare

〈読み物〉

双子	gemelli
姉妹	sorelle
5年生	quinto anno (di scuola)
似て います Ⅱ	assomigliare
性格	carattere, personalità
おとなしい	tranquillo, mite
優しい	gentile, premuroso
世話を します Ⅲ	curare, prendersi cura
時間が たちます Ⅰ	il tempo passa
大好き[な]	che piace molto, preferito
点	punti, punteggio, voto
気が 強い	di carattere forte
けんかします Ⅲ	litigare, azzuffarsi
不思議[な]	misterioso, strano, straordinario
年齢	età
しかた	modo, metodo

II. Traduzione

Frasi modello
1. Dipingere è divertente.
2. Mi piace guardare le stelle.
3. Ho dimenticato di portare il portafoglio.
4. Il mese in cui sono venuto in Giappone è marzo dell'anno scorso.

Frasi di esempio
1. Stai continuando (a tenere) il diario?
    ······No, alla fine ho smesso dopo 3 giorni.
        Iniziare è facile, ma continuare è difficile, eh?
2. Che bel giardino!
    ······Grazie.
        Mio marito è bravo a coltivare i fiori.
3. Com'è Tokyo?
    ······C'è tanta gente. Inoltre tutti hanno un modo di camminare veloce. (lett. Il [loro] camminare è veloce.)
4. Oh, no!
    ······Che è successo?
    Ho dimenticato di chiudere il finestrino della macchina.
5. Sai che alla sig.ra Miyazaki è nato un bambino?
    ······No, non lo sapevo. Quando?
    Circa un mese fa.
6. Ti ricordi della persona di cui ti innamorasti per la prima volta?
    ······Sì. La prima volta che l'ho incontrata fu in classe alle elementari.
        Lei era la maestra di musica.

Conversazione

È che mi piace mettere a posto

Impiegata dell'Università:	Professor Watt, c'è una circolare.
Watt:	Ah, grazie. La lasci lì per favore.
Impiegata dell'Università:	Il suo studio è sempre pulito, eh.
Watt:	È che mi piace mettere a posto.
Impiegata dell'Università:	Anche i libri sono allineati per bene······ Lei è bravo a mettere in ordine!
Watt:	Tempo fa mi è capitato di scrivere un libro intitolato "Metodo per mettere bene in ordine".
Impiegata dell'Università:	Eh! Fantastico!
Watt:	Non ha venduto molto però. Se vuole, gliene porto una copia.
	··
Impiegata dell'Università:	Buongiorno.
Watt:	Ah! Mi sono dimenticato di portare il libro. Mi scusi.
Impiegata dell'Università:	Non fa niente, ma non si dimentichi di mettere il suo timbro sulla circolare. Anche il mese scorso non l'ha messo, sa.

III. Parole e informazioni utili

位置（いち） Posizione

- 上（うえ）から2段目（だんめ） — il secondo dall'alto
- 奥（おく） — fondo, parte più interna
- 手前（てまえ） — da questa parte, prima di (qualcosa)
- [テレビの]横（よこ） — a fianco
- 隅（すみ） — angolo
- 前（まえ）から2列目（れつめ） — la seconda fila da davanti
- 斜（なな）め前（まえ） — davanti in diagonale
- [机（つくえ）の]周（まわ）り — intorno
- [教室（きょうしつ）の]真（ま）ん中（なか） — al centro
- 斜（なな）めうしろ — indietro in diagonale
- [本（ほん）の]そば — accanto

- 2行目（ぎょうめ） — seconda riga
- 4ページ — pagina 4
- 3行目（ぎょうめ） — terza riga

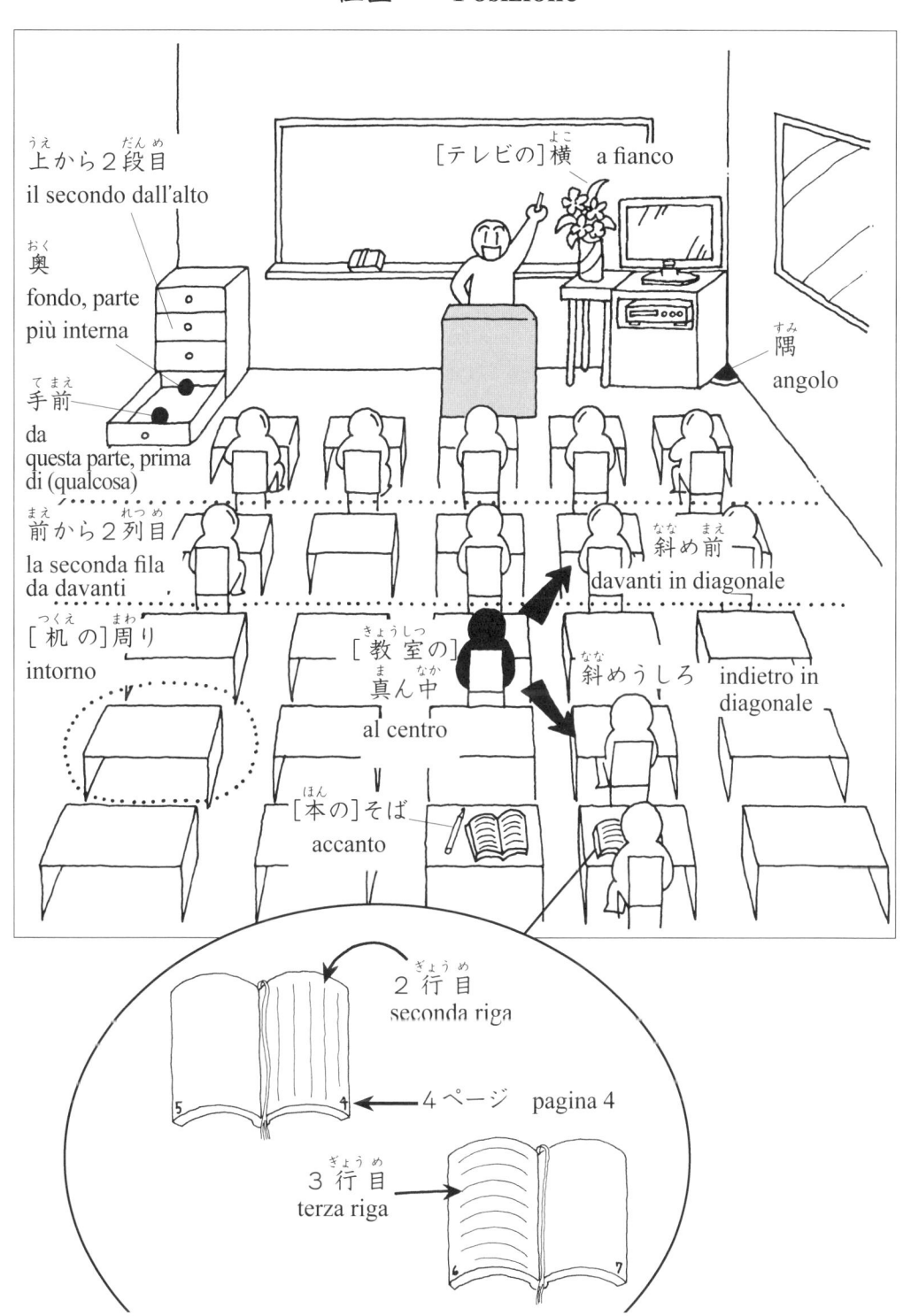

IV. Note grammaticali

1. Sostantivare con の

の ha la funzione di trasformare in sostantivo varie espressioni. I verbi, aggettivi e nomi che si attaccano a の non vogliono la forma cortese ma solo quella piana. Un'espressione sostantivata può prendere varie forme come mostrato sotto.

2. | V forma diz. のは Agg です |

① テニスは おもしろいです。　　　　　Il tennis è divertente.
② テニスを するのは おもしろいです。　Fare tennis è divertente.
③ テニスを 見るのは おもしろいです。　Guardare il tennis è divertente.

Questa costruzione pone come tema della frase (indicato da は) la parte indicata da V forma diz. の. Gli aggettivi usati più spesso con questa costruzione sono むずかしい, やさしい, おもしろい, たのしい, たいへん[な], etc.

Rispetto alla frase ① che non usa il の, le frasi ② e ③ che invece lo usano esprimono più concretamente il senso che "il fatto di fare tennis" e "il fatto di guardare il tennis" sono divertenti.

3. | V forma diz. のが Agg です |

④ わたしは 花が 好きです。　　　　　　　A me piacciono i fiori.
⑤ わたしは 花を 育てるのが 好きです。　　A me piace coltivare i fiori.
⑥ 東京の 人は 歩くのが 速いです。
　　　La gente di Tokyo ha un modo di camminare veloce (lett. Le persone di Tokyo, il [loro] camminare è veloce).

V forma diz. の diventa l'oggetto dell'aggettivo. Gli aggettivi utilizzati più spesso con questa costruzione sono quelli che indicano gusto, abilità, qualità, come すき[な], きらい[な], じょうず[な], へた[な], はやい, おそい.

4. | V forma diz. のを 忘れました | Ho dimenticato (di) ~

⑦ かぎを 忘れました。　　　　　　　　　Ho dimenticato le chiavi.
⑧ 牛乳を 買うのを 忘れました。　　　　Ho dimenticato di comprare il latte.
⑨ 車の 窓を 閉めるのを 忘れました。
　　　Ho dimenticato di chiudere il finestrino della macchina.

Questi sono esempi di come V forma diz. の diventi un complemento oggetto con la particella を. In questo modo, si spiega più esattamente che cosa si è dimenticato.

5. | V forma piana のを 知って いますか | Sai che ~?

Questo è un esempio di come V forma piana の diventi un complemento oggetto con la particella を. Si utilizza questa costruzione per chiedere se si conosce oppure no un certo fatto in particolare.

⑩ 鈴木さんが 来月 結婚するのを 知って いますか。
    Sai che il mese prossimo il sig. Suzuki si sposa?

[Nota] La differenza tra しりません e しりませんでした

⑪ 木村さんに 赤ちゃんが 生まれたのを 知って いますか。
    ……いいえ、知りませんでした。
    Sai che alla sig.ra Kimura è nato un bambino?
    …… No, non lo sapevo.

⑫ ミラーさんの 住所を 知って いますか。
    ……いいえ、知りません。
    Sai l'indirizzo del sig. Miller?
    …… No, non lo so.

Nella frase ⑪ l'interlocutore non sapeva che "è nato un bambino", ma ha avuto quell'informazione attraverso la domanda, perciò risponde con しりませんでした. Al contrario nella frase ⑫ anche dopo aver sentito la domanda l'interlocutore continua a non avere quell'informazione, per questo risponde しりません.

6. | V / Agg-い { forma piana } / Agg-な { forma piana / ~だ→~な } / N₁ | のは N₂ です

Questa costruzione serve a enfatizzare il N₂.

⑬ 初めて 会ったのは いつですか。
    ……3年まえです。
    Quando è stato che ci siamo incontrati la prima volta?
    …… È stato tre anni fa.

Nell'esempio ⑬ quello che il parlante vuole sapere è, riguardo al loro primo incontro, quando questo sia avvenuto.

Questa costruzione viene spesso usata per correggere quanto detto dall'interlocutore, come nell'esempio ⑭.

⑭ バンコクで 生まれたんですか。
    ……いいえ、生まれたのは チェンマイです。
    Sei nato a Bangkok?
    …… No, il posto in cui sono nato è Chiang Mai.

Il soggetto che precede ～のは si indica con con が e non con は.

⑮ 父が 生まれたのは 北海道の 小さな 村です。
    Il posto in cui è nato mio padre è un piccolo villaggio in Hokkaido.

Lezione 39

I. Vocaboli

こたえますⅡ [しつもんに〜]	答えます [質問に〜]	rispondere [a una domanda]
たおれますⅡ [ビルが〜]	倒れます	[un palazzo] cadere, crollare
とおりますⅠ [みちを〜]	通ります [道を〜]	passare [per una strada]
しにますⅠ	死にます	morire
びっくりしますⅢ		stupirsi, rimanere sorpreso, meravigliarsi
がっかりしますⅢ		essere deluso, scoraggiarsi
あんしんしますⅢ	安心します	rassicurarsi, sentirsi al sicuro, tranquillizzarsi
けんかしますⅢ		litigare, azzuffarsi
りこんしますⅢ	離婚します	divorziare
ふとりますⅠ	太ります	ingrassare
やせますⅡ*		dimagrire
ふくざつ[な]	複雑[な]	complicato, complesso
じゃま[な]	邪魔[な]	fastidioso, ingombrante, d'ostacolo
かたい	硬い	duro
やわらかい*	軟らかい	morbido
きたない	汚い	sporco
うれしい		felice, contento
かなしい	悲しい	triste
はずかしい	恥ずかしい	imbarazzato, provare vergogna
しゅしょう	首相	primo ministro, premier
じしん	地震	terremoto
つなみ	津波	tsunami, maremoto
たいふう	台風	tifone
かみなり	雷	fulmine, tuono
かじ	火事	incendio
じこ	事故	incidente
ハイキング		escursione, scampagnata
[お]みあい	[お]見合い	colloquio formale a scopo matrimoniale
そうさ	操作	manovra (〜します: manovrare)
かいじょう	会場	luogo di una riunione (concerto, partita, etc.)
〜だい	〜代	spesa per 〜, tariffa per 〜
〜や	〜屋	venditore di 〜

フロント		reception
ーごうしつ	一号室	(classificatore per numero di camera)
タオル		asciugamano
せっけん		sapone
おおぜい	大勢	molta gente
おつかれさまでした。	お疲れさまでした。	(espressione di saluto/ringraziamento utilizzata verso i colleghi alla fine di un lavoro)
うかがいます。	伺います。	Vengo da lei.（forma umile di いきます）

〈会話〉

途中で	a metà strada, per la strada
トラック	camion
ぶつかりますⅠ	scontrarsi, urtarsi

〈読み物〉

大人	adulto, maggiorenne
しかし	ma, però, tuttavia
また	inoltre, per di più
洋服	abito, vestito（occidentale）
西洋化しますⅢ	occidentalizzarsi
合いますⅠ	essere adatto, essere appropriato, coincidere
今では	al giorno d'oggi
成人式	cerimonia della maggiore età
伝統的[な]	tradizionale

II. Traduzione

Frasi modello
1. Sentendo il notiziario mi sono sorpreso.
2. L'edificio è crollato per il terremoto.
3. Siccome mi sento male fisicamente vado in ospedale.

Frasi di esempio
1. Com'è andato l'incontro a scopo matrimoniale?
   ······Quando ho visto la foto ho pensato che fosse una persona fantastica, ma incontrandoci sono rimasta delusa.
2. Il prossimo sabato andiamo tutti insieme a fare una scampagnata, perché non vieni anche tu?
   ······Mi dispiace. Sabato ho altri impegni, non posso venire.
3. Com'era il film di ieri?
   ······La storia era complicata, (perciò) non l'ho capito bene.
4. Mi scusi per il ritardo.
   ······Che è successo?
   C'è stato un incidente, (perciò) l'autobus ha fatto tardi.
5. Perché non andiamo a bere un po'?
   ······Mi spiace. Siccome ho un impegno, devo proprio andare.
   Ah, sì? Grazie per il lavoro di oggi.
6. Ultimamente dormo sul futon. Che comodo eh!
   ······Che fine ha fatto il tuo letto?
   Siccome la stanza è piccola e [il letto] era ingombrante, l'ho regalato a un amico.

Conversazione

Scusi per il ritardo

Miller:	Sig.ra capo sezione, mi scuso per il ritardo.
Capo sezione Nakamura:	Sig. Miller, che è successo?
Miller:	Veramente mentre venivo c'è stato un incidente, perciò l'autobus ha fatto tardi.
Capo sezione Nakamura:	Un incidente dell'autobus?
Miller:	No. All'incrocio si sono scontrati un camion e un'auto, quindi l'autobus non si poteva muovere.
Capo sezione Nakamura:	È stata dura eh! Siccome non avevamo sue notizie eravamo tutti preoccupati!
Miller:	Volevo chiamarla, ma ho dimenticato il cellulare a casa...... Scusatemi tanto.
Capo sezione Nakamura:	Capisco. Allora, iniziamo la riunione.

III. Parole e informazioni utili

気持ち　　Sentimenti

うれしい felice, contento	楽しい piacevole, divertente	寂しい malinconico, solitario	悲しい triste
おもしろい interessante, divertente	うらやましい invidioso	恥ずかしい provare vergogna	懐かしい provare nostalgia
びっくりする stupirsi, rimanere sorpreso	がっかりする essere deluso, scoraggiato	うっとりする essere incantato, rapito	
いらいらする essere irritato	どきどきする avere il batticuore, essere emozionato	はらはらする sentirsi inquieto, avere paura (per qualcun altro)	わくわくする essere eccitato per qualcosa di imminente

IV. Note grammaticali

1. ~て(で)、~

Nella Lezione 16 e Lezione 34 abbiamo studiato la costruzione ～て (で)、～. Adesso vediamo il modo per esprimere nella proposizione principale il risultato causato o originato dalla proposizione subordinata (la parte di frase prima di ～て (で)). La principale vuole espressioni che indicano uno stato, ma non espressioni di volontà.

1)
| V forma- て
| V (forma- ない) なくて
| Agg- い (～ɤ) →～くて
| Agg- な [な] → で
} 、～

Nella principale si utilizzano generalmente espressioni come le seguenti.

(1) Verbi o aggettivi che esprimono stati emotivi: びっくりします, あんしんします, こまります, さびしい, うれしい, ざんねん[な], etc.

① ニュースを 聞いて、びっくりしました。
   Sentendo il notiziario mi sono sorpreso.
② 家族に 会えなくて、寂しいです。
   Non potendo vedere la mia famiglia, sono triste.

(2) Verbi o espressioni che indicano una possibilità o uno stato.

③ 土曜日は 都合が 悪くて、行けません。
   [Siccome] sabato ho altri impegni, non posso andare.
④ 話が 複雑で、よく わかりませんでした。
   I discorsi erano complicati, e [quindi] non ho capito bene.
⑤ 事故が あって、バスが 遅れて しまいました。
   C'è stato un incidente, perciò l'autobus ha fatto tardi.
⑥ 授業に 遅れて、先生に しかられました。
   Sono arrivato tardi a lezione, [quindi] sono stato sgridato dal professore.

[Nota] Quando nella principale si utilizzano espressioni che indicano volontà, ordine, invito, richiesta, si deve usare ～から.

⑦ 危ないですから、機械に 触らないで ください。
   Siccome è pericoloso, non toccate i macchinari.
   ×危なくて、機械に 触らないで ください。

2) N で

Con N si indicano spesso fenomeni naturali, incidenti o avvenimenti come じこ, じしん, かじ.

⑧ 地震で ビルが 倒れました。　　Per il terremoto l'edificio è crollato.
⑨ 病気で 会社を 休みました。　　Ho preso riposo dalla ditta per malattia.

2.

```
V           ⎫ forma piana  ⎫
Agg-い      ⎭              ⎪
Agg-な      ⎫ forma piana  ⎬ ので、～
            ⎭ ～だ→～な      ⎪
N                          ⎭
```

Allo stesso modo di ～から visto nella Lezione 9, anche ～ので esprime causa o motivo. Siccome ので descrive il risultato conseguente a una certa causa, è una forma adatta a esprimere in maniera più morbida i motivi e le giustificazioni di una richiesta di permesso.

⑩ 日本語が わからないので、英語で 話して いただけませんか。

  Siccome non capisco il giapponese, non potrebbe parlarmi in inglese?

⑪ 用事が あるので、お先に 失礼します。

  Siccome ho un impegno vado via prima, con permesso.

3. 途中で

途中で indica qualcosa che succede a metà di uno spostamento. Si utilizza con V forma diz. oppure con N の.

⑫ 実は 来る 途中で 事故が あって、バスが 遅れて しまったんです。

  In realtà mentre venivo c'è stato un incidente, perciò l'autobus ha fatto tardi.

⑬ マラソンの 途中で 気分が 悪く なりました。

  A metà della maratona mi sono sentito male.

Lezione 40

I. Vocaboli

かぞえます II	数えます	contare
はかります I	測ります、量ります	misurare, pesare
たしかめます II	確かめます	controllare, verificare, confermare, assicurarsi
あいます I [サイズが〜]	合います	essere adatta [la taglia]
しゅっぱつします III*	出発します	partire
とうちゃくします III	到着します	arrivare
よいます I	酔います	ubriacarsi
うまく いきます I		andare bene, procedere senza problemi
でます II [もんだいが〜]	出ます [問題が〜]	[un problema all'esame] uscire
そうだんします III	相談します	chiedere consiglio, consultare
ひつよう[な]	必要[な]	necessario
てんきよほう	天気予報	previsioni del tempo, meteo
ぼうねんかい	忘年会	festa di fine anno
しんねんかい*	新年会	festa di anno nuovo
にじかい	二次会	dopo-cena, seconda parte di una festa, un ricevimento in un'altro posto
はっぴょうかい	発表会	saggio, esibizione
たいかい	大会	raduno, gara
マラソン		maratona
コンテスト		concorso, gara, contest
おもて	表	fronte
うら*	裏	retro
まちがい		errore, sbaglio
きず	傷	ferita, graffio, difetto
ズボン		pantaloni
[お]としより	[お]年寄り	persona anziana
ながさ*	長さ	lunghezza
おもさ	重さ	peso
たかさ	高さ	altezza
おおきさ*	大きさ	grandezza, dimensione, misura
[−]びん	[−]便	numero (di volo) [−]
−こ*	−個	(classificatore per piccoli oggetti)
−ほん (−ぽん、−ぼん)	−本	(classificatore per oggetti allungati)

－はい（－ぱい、－ばい）*	－杯	(classificatore per bevande contenute in tazze o bicchieri)
－センチ*		－ cm (centimetri)
－ミリ*		－ mm (millimetri)
－グラム*		－ g (grammi)
〜いじょう*	〜以上	più di 〜, superiore a 〜
〜いか	〜以下	meno di 〜, inferiore a 〜
※長崎（ながさき）		capoluogo della prefettura di Nagasaki
※仙台（せんだい）		capoluogo della prefettura di Miyagi
※JL		Japan Airlines, JAL
※七夕祭り（たなばたまつり）		Festa di Tanabata
※東照宮（とうしょうぐう）		santuario shintoista che si trova a Nikko nella prefettura di Tochigi, dedicato a Tokugawa Ieyasu

〈会話（かいわ）〉

どうでしょうか。	Com'è? (forma cortese di どうですか)
テスト	esame, test
成績（せいせき）	voto, votazione (scolastica, accademica)
ところで	a proposito
いらっしゃいますⅠ	venire (forma onorifica di きます)
様子（ようす）	stato, situazione, aspetto

〈読み物（よみもの）〉

事件（じけん）	caso (poliziesco), fatto
オートバイ	motocicletta
爆弾（ばくだん）	bomba
積みますⅠ（つみます）	caricare, ammucchiare
運転手（うんてんしゅ）	autista, conducente
離れた（はなれた）	lontano, distaccato
急に（きゅうに）	improvvisamente
動かしますⅠ（うごかします）	far muovere, manovrare
一生懸命（いっしょうけんめい）	con molto impegno, con tutte le forze
犯人（はんにん）	colpevole, autore del delitto
男（おとこ）	uomo
手に入れますⅡ（てにいれます）	procurarsi, ottenere
今でも（いまでも）	anche adesso, tuttora, ancora oggi

II. Traduzione

Frasi modello
1. Controlli per favore a che ora arriva il volo JL 107.
2. Non si sa ancora se il tifone numero 9 arriverà a Tokyo oppure no.
3. Posso provare a mettermi questo vestito?

Frasi di esempio
1. Per il dopo-cena dove siete andati?
   ······Non mi ricordo assolutamente dove siamo andati, perché ero ubriaco.
2. Sapete come si misura l'altezza di una montagna?
   ······Uhm...... cerchiamolo su internet.
3. Ti ricordi quando è che ci siamo incontrati per la prima volta?
   ······Poiché è una cosa di tanto tempo fa, ormai l'ho dimenticato.
4. Dateci una risposta via e-mail se potrete partecipare oppure no alla festa di fine anno.
   ······D'accordo.
5. Riguardo i documenti da consegnare all'università, non potrebbe controllarmi che non ci siano errori?
   ······Sì, certo.
6. Sei mai stato a Nagasaki?
   ······Non ancora. Una volta vorrei andarci assolutamente.

Conversazione
Sono preoccupata se si sia fatto degli amici oppure no

Klara: Maestra, come va Hans a scuola?
È che sono preoccupata se si sia fatto degli amici oppure no......
Maestra Ito: Va tutto bene.
Hans è molto popolare in classe.
Klara: Davvero? Che sollievo!
Come va lo studio? Dice che i kanji sono difficili......
Maestra Ito: Stiamo facendo tutti i giorni un compito di kanji, e Hans prende dei buoni voti.
Klara: Ah, sì? La ringrazio.
Maestra Ito: A proposito, tra poco ci sarà il saggio di ginnastica. Viene anche suo padre?
Klara: Sì.
Maestra Ito: Vi prego di venire a vedere come si trova Hans a scuola.
Klara: D'accordo. Le raccomando mio figlio anche in futuro.

III. Parole e informazioni utili

単位・線・形・模様　Unità, linee, figure e motivi

面積　Superficie

cm²	平方センチメートル	centimetro quadrato
m²	平方メートル	metro quadrato
km²	平方キロメートル	chilometro quadrato

長さ　Lunghezza

mm	ミリ[メートル]	millimetro
cm	センチ[メートル]	centimetro
m	メートル	metro
km	キロ[メートル]	chilometro

体積・容積　Volume e capacità

cm³	立方センチメートル	centimetro cubo
m³	立方メートル	metro cubo
ml	ミリリットル	millilitro
cc	シーシー	centimetri cubi
ℓ	リットル	litro

重さ　Peso

mg	ミリグラム	milligrammo
g	グラム	grammo
kg	キロ[グラム]	chilogrammo
t	トン	tonnellata

計算　Calcolo

$$1 + 2 - 3 \times 4 \div 6 = 1$$

たす	ひく	かける	わる	は（イコール）
più	meno	per	diviso	uguale

線　Linee

- 直線　linea retta ―――
- 曲線　linea curva 〜〜〜
- 点線　linea punteggiata ·········

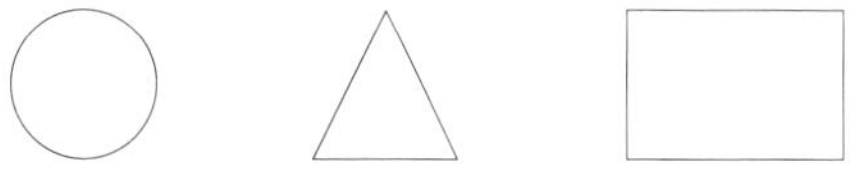

形　Figure

- 円（丸）　cerchio
- 三角[形]　triangolo
- 四角[形]　quadrangolo

模様　Motivi

- 縦じま　strisce verticali
- 横じま　strisce orizzontali
- チェック　a scacchi
- 水玉　a pois
- 花柄　a fiori
- 無地　a tinta unita

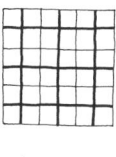

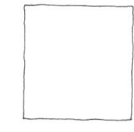

IV. Note grammaticali

1.
```
V        ⎫ forma piana ⎫
Agg-い   ⎬             ⎬ か、〜
Agg-な   ⎬ forma piana ⎬
N        ⎭ 〜だ         ⎭
```

Questa costruzione si usa per inserire in una frase una proposizione interrogativa che contiene un [morfema] interrogativo.

① JL107便は 何時に 到着するか、調べて ください。
   Controlla per favore a che ora arriva il volo JL107.
② 結婚の お祝いは 何が いいか、話して います。
   Sto parlando di cosa può andare bene come augurio (regalo) di matrimonio.
③ わたしたちが 初めて 会ったのは いつか、覚えて いますか。
   Ti ricordi quando è che ci siamo incontrati per la prima volta?

Poiché il morfema interrogativo si comporta come un nome, questo assume la forma interrogativo＋か come nell'esempio ③.

2.
```
V        ⎫ forma piana ⎫
Agg-い   ⎬             ⎬ か どうか、〜
Agg-な   ⎬ forma piana ⎬
N        ⎭ 〜だ         ⎭
```

Questa costruzione si usa per inserire in una frase una proposizione interrogativa che non contiene un morfema interrogativo.

Attenzione: dopo la frase in forma piana＋か è necessario aggiungere どうか.

④ 忘年会に 出席するか どうか、20日までに 返事を ください。
   Dateci una risposta entro il giorno 20 se parteciperete oppure no alla festa di fine anno.
⑤ その 話は ほんとうか どうか、わかりません。
   Non so se quella storia sia vera o no.
⑥ まちがいが ないか どうか、調べて ください。
   Controlla per favore se non ci sono errori [oppure sì].

Nell'esempio ⑥ viene utilizzata l'espressione まちがいが ないか どうか e non まちがいが あるか どうか, perché si chiede all'interlocutore di verificare che non ci siano errori (まちがいが ない).

3. V forma- て みます

Questa costruzione significa che l'azione in questione viene svolta come tentativo.

⑦ もう 一度 考えて みます。
Provo a ragionarci un'altra volta.

⑧ この ズボンを はいて みても いいですか。
Posso provare a mettermi questi pantaloni?

⑨ 北海道へ 行って みたいです。
Vorrei provare ad andare in Hokkaido.

Come nell'esempio ⑨, quando si utilizza la forma 〜て みたい, è possibile esprimere un proprio desiderio in maniera più moderata rispetto a 〜たい.

4. Agg- い (〜い̸) → 〜さ

È possibile trasformare un Agg-い in un N sostituendo la desinenza い con さ.

Es. 高い → 高さ　　長い → 長さ　　速い → 速さ

⑩ 山の 高さは どうやって 測るか、知って いますか。
Sapete come si misura l'altezza di una montagna?

⑪ 新しい 橋の 長さは 3,911メートルです。
La lunghezza del nuovo ponte è di 3.911 metri.

5. 〜でしょうか

Utilizzando 〜でしょう (Lezione 32) in una frase interrogativa come nell'esempio ⑫ è possibile ammorbidire l'atteggiamento nei confronti dell'interlocutore, in quanto questo tipo di domanda non richiede una risposta conclusiva.

⑫ ハンスは 学校で どうでしょうか。
Come è Hans a scuola?

Lezione 41

I. Vocaboli

いただきます I		ricevere (forma umile di もらいます)
くださいます I		dare a me (forma onorifica di くれます)
やります I		dare (a una persona più giovane di età, a un sottoposto, a un animale o pianta)
あげます II	上げます	alzare, portare su, sollevare
さげます II*	下げます	abbassare, diminuire
しんせつに します III	親切に します	essere gentile
かわいい		carino, grazioso
めずらしい	珍しい	raro, insolito
おいわい	お祝い	celebrazione, regalo di auguri (〜を します：festeggiare, fare un regalo di auguri)
おとしだま	お年玉	regalo in denaro che i bambini ricevono a capodanno
[お]みまい	[お]見舞い	visita (a un malato, etc.), regalo (a un malato, etc.)
きょうみ	興味	interesse ([コンピューターに] 〜が あります：essere interessato [ai computer])
じょうほう	情報	informazioni, notizie
ぶんぽう	文法	grammatica
はつおん	発音	pronuncia
さる	猿	scimmia
えさ		cibo per animali, mangime
おもちゃ		giocattolo
えほん	絵本	libro illustrato
えはがき	絵はがき	cartolina illustrata
ドライバー		cacciavite
ハンカチ		fazzoletto (di stoffa)
くつした	靴下	calzini
てぶくろ	手袋	guanti
ようちえん	幼稚園	scuola materna
だんぼう	暖房	riscaldamento
れいぼう*	冷房	aria condizionata, climatizzatore

| おんど | 温度 | temperatura |

そふ*	祖父	(mio) nonno
そぼ	祖母	(mia) nonna
まご	孫	(mio/a) nipote
おまごさん	お孫さん	nipote (di altre persone)
おじ*		(mio) zio
おじさん*		zio (di altre persone)
おば		(mia) zia
おばさん*		zia (di altre persone)

| かんりにん | 管理人 | portiere, custode |
| ～さん | | (suffisso posto a nomi di professioni o ruoli per esprimere rispetto) |

| このあいだ | この間 | l'altra volta, qualche tempo fa |

〈会話〉

ひとこと		due parole, (lett. una parola)
～ずつ		～ alla volta
二人 (ふたり)		coppia
お宅 (たく)		casa (forma onorifica di うち e いえ)
どうぞ お幸せに。		Vi auguro tanta felicità./Siate felici.

〈読み物〉

昔話 (むかしばなし)		favola, fiaba tradizionale
ある～		un certo ～
男 (おとこ)		uomo
子どもたち		bambini
いじめます II		molestare, infastidire
かめ		tartaruga
助けます II (たす)		salvare, aiutare
優しい (やさ)		gentile, premuroso
お姫様 (ひめさま)		principessa
暮らします I (く)		vivere, abitare
陸 (りく)		terraferma
すると		allora, a quel punto
煙 (けむり)		fumo
真っ白[な] (ま しろ)		bianchissimo, candido
中身 (なかみ)		contenuto

| ※浦島太郎 (うらしま たろう) | | nome del protagonista di una fiaba |

II. Traduzione

Frasi modello
1. Ho ricevuto un libro dal prof. Watt.
2. Mi sono fatto correggere gli errori di kanji dal professore. (lett. ho ricevuto il favore di correggere)
3. La moglie del capo dipartimento mi ha insegnato (la cerimonia del) tè.
4. Ho fatto un aereo di carta a mio figlio.

Frasi di esempio
1. Che bei piatti!
   ……Sì. Ce li ha dati il sig. Tanaka come regalo di matrimonio.
2. Mamma, posso dare dei dolci alle scimmie?
   ……No, non si può. C'è scritto laggiù che non si deve dare da mangiare, no?
3. Sei mai andato a vedere il sumo?
   ……Sì. L'altro giorno mi ci ha portato il capo dipartimento. È stato molto interessante.
4. Com'è andato lo homestay durante le vacanze estive?
   ……È stato divertente. Tutta la famiglia mi ha trattato molto gentilmente.
5. Che cosa fai per il ponte (di vacanza)?
   ……Porto i bambini a Disneyland.
6. Non so come usare la nuova fotocopiatrice, non potrebbe insegnarmelo un secondo?
   ……Certamente.

Conversazione

Congratulazioni per il matrimonio!

Rettore:	Sig. Watt e sig.ra Izumi, congratulazioni per il vostro matrimonio. Salute!
Tutti:	Salute!
	………………………………………………………
Presentatore:	E ora, chiedo ai signori (seduti) da questa parte due parole (di saluto).
Yoshiko Matsumoto:	Al corso estivo dell'anno scorso, il prof. Watt mi ha insegnato l'inglese. Le sue lezioni erano divertenti perché ricche di humor. In realtà, in quella classe c'era anche la sig.na Izumi.
Impiegata dell'Università:	Io ho ricevuto dal professore un libro intitolato "Metodo per mettere bene in ordine". Il professore è bravo a mettere in ordine, e il suo studio è sempre pulito. Credo che sicuramente anche la loro casa sarà bellissima.
Miller:	Sig. Watt, la prossima volta non mi farebbe il favore di scrivere un libro intitolato "Metodo per sposare una persona fantastica"? Vorrei leggerlo e farci pratica assolutamente. Vi auguro tanta felicità!

III. Parole e informazioni utili

便利情報（べんりじょうほう） Informazioni utili

貸衣装（かしいしょう）の「みんなの晴（は）れ着（ぎ）」
Noleggio vestiti "Abiti da cerimonia per tutti"

何でもそろいます!! 　　新作（しんさく）がいっぱい!!
Abbiamo di tutto! 　　Un sacco di novità!

☎ 03-3812-556×

- 七五三（しちごさん） Festa per i bambini di 7, 5 e 3 anni.
- 卒業式（そつぎょうしき） Cerimonia di diploma, laurea, etc.
- 成人式（せいじんしき） Cerimonia della maggiore età
- 結婚式（けっこんしき） Matrimonio

泊（と）まりませんか
Vi fermate (a dormire) da noi?

民宿三浦（みんしゅくみうら）
Pensione "Miura"

安（やす）い、親切（しんせつ）、家庭的（かていてき）な宿（やど）
Ottimo albergo con atmosfera familiare, buon prezzo e cortesia

☎ 0585-214-1234

公民館（こうみんかん）からのお知（し）らせ Informazioni dal Centro Comunale

- 月曜日（げつようび） lunedì 日本料理講習会（にほんりょうりこうしゅうかい） Seminario di cucina giapponese
- 火曜日（かようび） martedì 生（い）け花（ばな）スクール Scuola di Ikebana
- 水曜日（すいようび） mercoledì 日本語教室（にほんごきょうしつ） Corso di lingua giapponese
- ＊毎月第3日曜日（まいつきだいにちようび） la terza domenica di ogni mese　バザー　Vendita di beneficenza

☎ 0798-72-251×

レンタルサービス
Noleggio

何（なん）でも貸（か）します!!
Affittiamo qualunque cosa!!

- カラオケ 　　　impianto karaoke
- ビデオカメラ 　videocamera
- 携帯電話（けいたいでんわ） telefono cellulare
- ベビー用品（ようひん） articoli per neonati
- レジャー用品（ようひん） articoli per hobby
- 旅行用品（りょこうようひん） articoli per il viaggio

☎ 0741-41-5151

便利屋（べんりや） Facchino, tuttofare
☎ 0343-885-8854

何（なん）でもします!!
Lasciate fare a noi!!

☆家（いえ）の修理（しゅうり）、掃除（そうじ）
riparazioni e pulizie della casa
☆赤（あか）ちゃん、子（こ）どもの世話（せわ）
baby sitter
☆犬（いぬ）の散歩（さんぽ）
portare a spasso il cane
☆話（はな）し相手（あいて）
servizio di conversazione

お寺（てら）で体験（たいけん）できます
Potete fare esperienza diretta al nostro tempio.

禅（ぜん）ができます　Si può fare meditazione zen.

精進料理（しょうじんりょうり）が食（た）べられます　Si può mangiare cibo vegetariano.

金銀寺（きんぎんじ）　☎ 0562-231-2010

IV. Note grammaticali

1. Espressioni di dare e ricevere

Nella Lezione 7 e Lezione 24 abbiamo visto espressioni per dare e ricevere oggetti e azioni. In questa lezione vediamo come le espressioni del dare e ricevere possono ulteriormente riflettere il rapporto sociale tra chi dà e chi riceve.

1) N_1(persona) に N_2 を いただきます

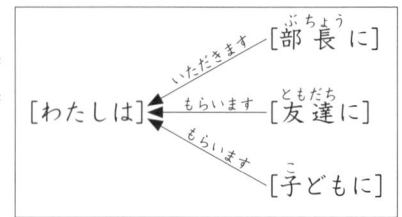

   Quando il parlante riceve da una persona superiore (N_1) qualcosa (N_2), si utilizza いただきます anziché もらいます.

   ① わたしは 社長に お土産を いただきました。
      Ho ricevuto un souvenir dal presidente.

2) ［わたしに］ N を くださいます

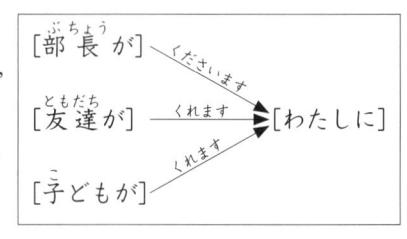

   Quando una persona superiore dà al parlante qualcosa, si utilizza くださいます anziché くれます.

   ② 社長が わたしに お土産を くださいました。
      Il presidente mi ha dato un souvenir.

   ［Nota］ いただきます e くださいます vengono utilizzati anche quando chi ha ricevuto l'oggetto è un membro della famiglia del parlante.

   ③ 娘は 部長に お土産を いただきました。
      Mia figlia ha ricevuto un souvenir dal capo dipartimento.
   ④ 部長が 娘に お土産を くださいました。
      Il capo dipartimento ha dato un souvenir a mia figlia.

3) N_1 に N_2 を やります

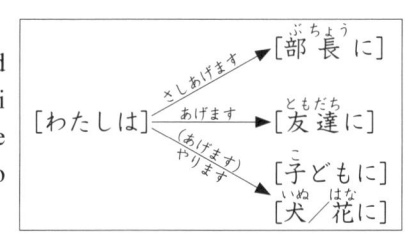

   Quando il parlante dà a persone a lui inferiori o ad animali o piante (N_1) qualcosa (N_2), in teoria si dovrebbe utilizzare やります. In realtà ultimamente sono molte le persone che preferiscono usare al posto di やります il più cortese あげます.

   ⑤ わたしは 息子に お菓子を やりました（あげました）。
      Io ho dato a mio figlio un dolce.
   ⑥ わたしは 犬に えさを やりました。
      Io ho dato al cane il mangime.

2. Fare e ricevere azioni

È possibile usare いただきます, くださいます, やります anche quando si fa un'azione per qualcuno, e quando si riceve un'azione da qualcuno. Guardiamo gli esempi seguenti.

1) V forma- て いただきます

⑦ わたしは 課長に 手紙の まちがいを 直して いただきました。
   Io ho ottenuto [come favore] dal capo sezione che mi correggesse la lettera.

2) V forma- て くださいます

⑧ 部長の 奥さんが ［わたしに］ お茶を 教えて くださいました。
   La moglie del capo dipartimento mi ha insegnato la cerimonia del tè.

⑨ 部長が ［わたしを］ 駅まで 送って くださいました。
   Il capo dipartimento mi ha accompagnato fino alla stazione.

⑩ 部長が ［わたしの］ レポートを 直して くださいました。
   Il capo dipartimento mi ha corretto il [mio] report.

3) V forma- て やります

⑪ わたしは 息子に 紙飛行機を 作って やりました（あげました）。
   Io ho fatto un aereo di carta a mio figlio.

⑫ わたしは 犬を 散歩に 連れて 行って やりました。
   Io ho portato a passeggio il cane.

⑬ わたしは 娘の 宿題を 見て やりました（あげました）。
   Io ho controllato i compiti a mia figlia.

3. V forma- て くださいませんか

È un'espressione di richiesta con un grado più alto di cortesia rispetto a ～て ください. È comunque meno cortese rispetto a ～て いただけませんか visto nella Lezione 26.

⑭ コピー機の 使い方を 教えて くださいませんか。
   Non mi insegnerebbe a usare la fotocopiatrice?

⑮ コピー機の 使い方を 教えて いただけませんか。
   Non potrebbe insegnarmi cortesemente a usare la fotocopiatrice? (L.26)

4. N に V

La particella に utilizzata negli esempi qui sotto significa "come segno di" o "in ricordo di".

⑯ 田中さんが 結婚祝いに この お皿を くださいました。
   Il sig. Tanaka mi ha dato questo piatto come augurio di matrimonio.

⑰ 北海道旅行の お土産に 人形を 買いました。
   Come souvenir del viaggio in Hokkaido ho comprato una bambola.

Lezione 42

I. Vocaboli

つつみますⅠ	包みます	avvolgere, incartare, confezionare
わかしますⅠ	沸かします	far bollire (acqua)
まぜますⅡ	混ぜます	mescolare, mischiare
けいさんしますⅢ	計算します	calcolare
ならびますⅠ	並びます	fare la fila
じょうぶ[な]	丈夫[な]	robusto, resistente
アパート		appartamento
べんごし	弁護士	avvocato
おんがくか	音楽家	musicista
こどもたち	子どもたち	bambini
しぜん	自然	natura
きょういく	教育	educazione, istruzione, formazione
ぶんか	文化	cultura
しゃかい	社会	società
せいじ	政治	politica
ほうりつ	法律	legge, diritto
せんそう*	戦争	guerra
へいわ	平和	pace
もくてき	目的	scopo, meta, fine, obiettivo
ろんぶん	論文	tesi, saggio
たのしみ	楽しみ	piacere, divertimento, non vedere l'ora di
ミキサー		frullatore, tritatutto
やかん		bollitore (per l'acqua)
ふた		coperchio
せんぬき	栓抜き	apribottiglie, cavatappi
かんきり	缶切り	apriscatole
かんづめ	缶詰	cibo in scatola, scatoletta
のしぶくろ	のし袋	busta utilizzata per le offerte in denaro
ふろしき		panno quadrato multiuso
そろばん		pallottoliere giapponese
たいおんけい	体温計	termometro clinico
ざいりょう	材料	ingredienti, materiale
ある ～		un certo ～
いっしょうけんめい	一生懸命	con molto impegno, con tutte le forze

なぜ	perché
どのくらい	quanto (interrogativo per chiedere quantità o numero di cose o persone)
※国連(こくれん)	Organizzazione delle Nazioni Unite, ONU
※エリーゼの ために	Per Elisa
※ベートーベン	Ludwig van Beethoven, compositore tedesco (1770-1827)
※こどもニュース	Telegiornale bambino (nome fittizio)

〈会話(かいわ)〉

出(で)ますⅡ [ボーナスが～]	essere pagata, arrivare [la tredicesima]
半分(はんぶん)	metà, mezzo
ローン	prestito bancario, mutuo

〈読(よ)み物(もの)〉

カップめん	noodle istantaneo monodose venduto in ciotole usa e getta
世界初(せかいはつ)	il primo nel mondo
～に よって	da ～
どんぶり	ciotola (di ceramica)
めん	pasta, noodle
広(ひろ)めますⅡ	diffondere, propagare, far circolare
市場調査(しじょうちょうさ)	ricerca di mercato
割(わ)りますⅠ	rompere, spezzare, dividere
注(そそ)ぎますⅠ	versare
※チキンラーメン	una famosa marca di noodle istantanei
※安藤百福(あんどうももふく)	imprenditore e inventore giapponese (1910-2007)

II. Traduzione

Frasi modello
1. Sto mettendo da parte i soldi per avere un negozio mio in futuro.
2. Queste scarpe sono buone per camminare in montagna.

Frasi di esempio
1. Mi alleno tutti i giorni per partecipare alla danza dell'Obon.
   ······Davvero? Non vedi d'ora, eh!
2. Perché scali la montagna da solo?
   ······È che vado in montagna per rimanere da solo a riflettere.
3. Fa qualcosa per la salute?
   ······No, ma pensavo di andare a correre tutte le mattine dalla prossima settimana.
4. Che bel brano.
   ······È "Per Elisa"! È il brano che Beethoven scrisse per una certa donna.
5. Per cosa si usa questo?
   ······Si usa per aprire il vino.
6. Avete borse buone per viaggi di lavoro di 2, 3 giorni?
   ······Che ne pensa di questa? Ci entra anche un computer, per cui è comoda.
7. Per costruire questo ponte quanti anni ci sono voluti?
   ······Ci sono voluti 12 anni.

Conversazione
Per cosa usa la tredicesima?

Suzuki: Sig.na Hayashi, la tredicesima quand'è che gliela pagano?
Hayashi: La prossima settimana. Nella sua ditta invece?
Suzuki: Domani. Non vediamo l'ora eh!
Hayashi: Eh già. Sig. Suzuki, lei per che cosa la userà?
Suzuki: Prima di tutto comprerò una bicicletta nuova, e poi farò un viaggio......
Ogawa: Non li mette da parte?
Suzuki: Io non ci ho quasi mai pensato (a quello).
Hayashi: Io ho intenzione di metterne da parte la metà.
Suzuki: Eh!? Mette da parte addirittura la metà?
Hayashi: Sì. Un giorno penso di andare a studiare in Inghilterra.
Ogawa: Ehh, che bello essere single. Potete usarla tutta per voi. A me, una volta pagato il mutuo della casa e messi da parte i soldi per l'istruzione dei figli, non rimane quasi niente!

III. Parole e informazioni utili

事務用品・道具　　Articoli per ufficio e attrezzi da lavoro

とじる spillare	挟む／とじる legare insieme, fermare	留める attaccare, fissare	切る tagliare	
ホッチキス spillatrice	クリップ graffetta	画びょう puntina da disegno	カッター trincetto	はさみ forbici

はる attaccare, incollare			削る temperare (matita)	ファイルする archiviare
セロテープ scotch, nastro adesivo	ガムテープ nastro adesivo per pacchi	のり colla	鉛筆削り temperamatite, appuntalapis	ファイル cartella, raccoglitore (per documenti)

消す cancellare		［穴を］開ける aprire [un foro]	計算する calcolare	［線を］引く／測る tirare [una linea]/ misurare
消しゴム gomma da cancellare	修正液 correttore liquido, bianchetto	パンチ foratrice	電卓 calcolatrice	定規(物差し) righello

切る segare, tagliare	［くぎを］打つ piantare [un chiodo], inchiodare	挟む／曲げる／切る stringere/piegare/ tagliare	［ねじを］締める／緩める stringere, avvitare/ allentare [una vite]
のこぎり sega	金づち martello	ペンチ pinze	ドライバー cacciavite

IV. Note grammaticali

1. $\left.\begin{array}{l}\text{V forma diz.}\\ \text{N の}\end{array}\right\}$ ために、～   per (fare) ～

ために esprime lo scopo di qualcosa. Nの ために si usa anche quando l'azione è fatta a vantaggio o beneficio di N (④).

① 自分の 店を 持つ ために、貯金して います。
   Sto mettendo da parte i soldi per avere (aprire) un negozio mio.
② 引っ越しの ために、車を 借ります。
   Prendo in prestito la macchina per il trasloco.
③ 健康の ために、毎朝 走って います。
   Per la salute, vado a correre (sto correndo) ogni mattina.
④ 家族の ために、うちを 建てます。
   Costruirò una casa per la mia famiglia.

[Nota 1] Questa espressione è simile a ～ように che abbiamo visto nella Lezione 36. Davanti a ために è possibile mettere verbi che indicano volontà, nella forma diz., mentre davanti a ように è possibile utilizzare verbi che non esprimono volontà, sia nella forma diz. che nella forma negativa.

Se confrontiamo le due frasi seguenti, la ① significa che il parlante ha la volontà di "avere (aprire) un negozio mio", e per realizzare quello scopo sta mettendo da parte dei soldi, mentre la ⑤ indica che l'obiettivo "ho un negozio mio" è uno stato di cose, e per raggiungere tale stato il parlante sta mettendo da parte dei soldi.

① 自分の 店を 持つ ために、貯金して います。
   Sto mettendo da parte i soldi per avere (aprire) un negozio mio.
⑤ 自分の 店が 持てるように、貯金して います。
   Sto mettendo da parte i soldi in modo da poter avere un negozio mio.

[Nota 2] なります può essere usato sia come verbo volontario che come verbo involontario.

⑥ 弁護士に なる ために、法律を 勉強して います。
   Sto studiando legge per diventare un avvocato.
⑦ 日本語が 上手に なるように、毎日 勉強して います。
   Sto studiando tutti i giorni affinché il mio giapponese migliori (L.36).

2. V forma diz. の / N } に 〜

Questa costruzione viene utilizzata insieme a espressioni come つかいます, いいです, べんりです, やくに たちます, [じかん]が かかります per esprimere l'uso o lo scopo di qualcosa.

⑧ この はさみは 花を 切るのに 使います。
　　Queste forbici le uso per tagliare i fiori.

⑨ この かばんは 大きくて、旅行に 便利です。
　　Questa borsa è grande, [perciò] è comoda per i viaggi.

⑩ 電話番号を 調べるのに 時間が かかりました。
　　Per cercare il numero di telefono c'è voluto del tempo.

3. Quantificatore は／も

Se aggiunta a un quantificatore, la particella は indica l'ammontare minimo che il parlante ritiene necessario. Se aggiunta a un quantificatore, la particella も indica che il parlante ritiene che quell'ammontare sia eccessivo.

⑪ わたしは ［ボーナスの］半分は 貯金する つもりです。
　……えっ、半分も 貯金するんですか。
　　Ho intenzione di mettere da parte la metà [della mia tredicesima].
　　…… Eh! Metti da parte addirittura la metà?

4. 〜に よって

Quando un verbo di creazione o scoperta (es. かきます, はつめいします, はっけんします, etc.) viene posto in forma passiva, l'agente si indica con に よって invece del semplice に.

⑫ チキンラーメンは 1958年に 安藤百福さんに よって 発明されました。
　　Il Chicken Ramen è stato inventato nel 1958 da Momofuku Ando.

Lezione 43

I. Vocaboli

ふえますⅡ 　［ゆしゅつが〜］	増えます 　［輸出が〜］	[l'esportazione] aumentare, crescere
へりますⅠ 　［ゆしゅつが〜］	減ります 　［輸出が〜］	[l'esportazione] diminuire, decrescere
あがりますⅠ 　［ねだんが〜］	上がります 　［値段が〜］	[il prezzo] salire, aumentare
さがりますⅠ* 　［ねだんが〜］	下がります 　［値段が〜］	[il prezzo] scendere, diminuire
きれますⅡ 　［ひもが〜］	切れます	[un corda] spezzarsi, rompersi
とれますⅡ 　［ボタンが〜］		[un bottone] staccarsi, venire via
おちますⅡ 　［にもつが〜］	落ちます 　［荷物が〜］	[la valigia] cadere
なくなりますⅠ 　［ガソリンが〜］		[la benzina] esaurirsi, consumarsi, finire
へん［な］	変［な］	strano, fuori dal comune
しあわせ［な］	幸せ［な］	felice
らく［な］	楽［な］	comodo, facile, confortevole
うまい*		buono（di sapore）
まずい		cattivo（di sapore）
つまらない		noioso, poco importante
やさしい	優しい	gentile, premuroso
ガソリン		benzina, carburante
ひ	火	fuoco, fiamma
パンフレット		opuscolo, depliant
いまにも	今にも	da un momento all'altro（per descrivere un cambiamento imminente）
わあ		Oh!/Accidenti!

〈読み物〉
ばら　　　　　　　　　　　　　　rosa（fiore）
ドライブ　　　　　　　　　　　　gita in macchina
理由（りゆう）　　　　　　　　　motivo
謝（あやま）りますⅠ　　　　　　chiedere scusa, scusarsi
知（し）り合（あ）いますⅠ　　　conoscersi

II. Traduzione

Frasi modello
1. Sembra che stia per piovere da un momento all'altro.
2. Vado un attimo a comprare un biglietto (e poi torno).

Frasi di esempio
1. Sembra che stia per staccarsi un bottone della (tua) giacca.
    ……Ah! è vero, grazie mille.
2. (Il clima) È diventato mite, vero?
    ……Sì. Sembra che i ciliegi fioriranno presto.
3. È una torta di mele tedesca. Prego!
    ……Ohh! Sembra buona! Grazie.
4. Questo lavoro part-time sembrerebbe buono, vero? Anche lo stipendio è buono e il lavoro sembra facile.
    ……Ma, è da mezzanotte fino alle sei di mattina!
5. Mancano dei documenti.
    ……Quante pagine sono? Vado subito a fare le fotocopie (e poi torno).
6. Esco un attimo (e poi torno).
    ……Verso che ora torni?
    Ho intenzione di tornare entro le quattro.

Conversazione

Sembra che si diverta

Hayashi: Di chi è questa foto?
Schmidt: È mio figlio Hans. È una foto che ho scattato al saggio di ginnastica.
Hayashi: Sembra in forma!
Schmidt: Sì. Lui è veloce a correre, sa.
　　　　Si è abituato alla scuola elementare giapponese, si è fatto degli amici, e sembra che si diverta ogni giorno.
Hayashi: Meno male!
　　　　Questa persona è sua moglie? Che bella signora!
Schmidt: Grazie.
　　　　Mia moglie ha interessi in tante cose, per questo quando siamo insieme ci divertiamo.
Hayashi: Ah, sì?
Schmidt: Le piace soprattutto la storia e quando ha tempo cammina per le città antiche.

III. Parole e informazioni utili

性格・性質 （せいかく・せいしつ） Carattere e personalità

明るい（あかるい） allegro, luminoso	暗い（くらい） tetro, buio, scuro, serio	活発（かっぱつ）[な]	vivace, attivo
		誠実（せいじつ）[な]	sincero, onesto
優しい（やさしい）	gentile, premuroso	わがまま[な]	egoista
おとなしい	tranquillo, mite	まじめ[な] serio	ふまじめ[な] poco serio
冷たい（つめたい）	freddo		
厳しい（きびしい）	severo		
気が長い（きがながい）	paziente	頑固（がんこ）[な]	testardo, ostinato
気が短い（きがみじかい）	impaziente	素直（すなお）[な]	ubbidente
気が強い（きがつよい） di carattere forte	気が弱い（きがよわい） pauroso, timoroso	意地悪（いじわる）[な]	cattivo, dispettoso
		勝ち気（かちき）[な]	energico, ostinato
		神経質（しんけいしつ）[な]	nervoso

IV. Note grammaticali

1. ~そうです sembra ~

1) V(forma- ます)そうです

Questa costruzione indica i sintomi di una prossima azione o cambiamento indicati dal verbo. È possibile utilizzare questa costruzione insieme ad avverbi che indicano il momento in cui avviene il cambiamento o l'azione, per esempio いまにも, もうすぐ, これから.

① 今にも 雨が 降りそうです。
Sembra che stia per piovere da un momento all'altro.

② もうすぐ 桜が 咲きそうです。
Sembra che i ciliegi fioriranno presto.

③ これから 寒く なりそうです。
Sembra che diventerà più freddo da ora in poi.

2) Agg-い(~い)
   Agg-な[な] } そうです

Costruzione utilizzata per esprimere un'ipotesi qualitativa basata non su di una verifica diretta ma solo sull'aspetto esteriore di qualcosa.

④ この 料理は 辛そうです。
Questo piatto sembrerebbe piccante.

⑤ 彼女は 頭が よさそうです。
Lei mi sembra intelligente.

⑥ この 机は 丈夫そうです。
Questa scrivania sembra solida.

[Nota] Quando si vogliono esprimere i sentimenti provati da un'altra persona, non si possono utilizzare direttamente aggettivi che indicano uno stato d'animo (es. うれしい, かなしい, さびしい, etc.), ma questi devono essere seguiti da そうです. Questo perché i sentimenti delle altre persone sono qualcosa di cui non possiamo avere esperienza diretta, ma solo formulare supposizioni da un punto di vista esterno.

⑦ うれしそうですね。
……ええ、実は きのう 結婚を 申し込まれたんです。
Sembri felice eh!
…… Sì, in realtà ieri ho ricevuto una proposta di matrimonio!

2. V forma- て 来ます

1) V forma- て きます significa andare in un certo luogo, fare qualcosa e poi tornare.

⑧ ちょっと たばこを 買って 来ます。
Vado un attimo a comprare le sigarette e torno.

Nell'esempio ⑧ il parlante svolge tre azioni: va alla macchinetta (1), compra le sigarette (2), e poi torna al luogo iniziale (3).

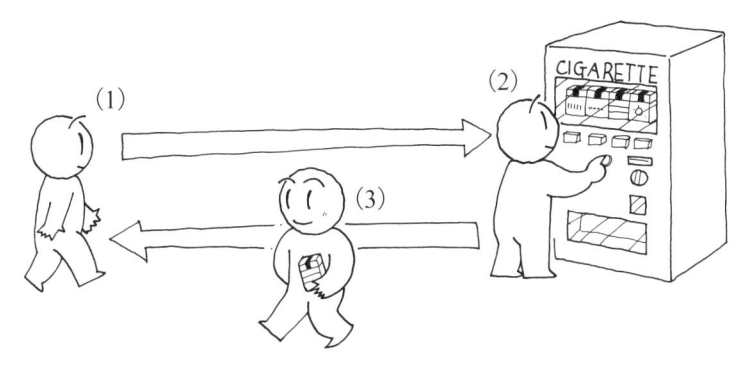

Nell'esempio ⑨ il luogo in cui si svolge l'azione indicata da V forma- て è seguito da で, mentre nell'esempio ⑩, nel caso in cui il luogo sia inteso come luogo di origine dell'oggetto indicato da を, si utilizza から. I verbi che vogliono から sono, oltre a とって きます, anche もって きます, はこんで きます, etc.

⑨ スーパーで 牛乳を 買って 来ます。
   Vado a comprare il latte al supermercato [e poi torno].
⑩ 台所から コップを 取って 来ます。
   Prendo un bicchiere dalla cucina [e poi torno].

2) N(luogo)へ 行って 来ます

La forma- て del verbo いきます davanti a きます esprime il concetto di andare in un certo luogo e poi tornare indietro. Questa costruzione è utilizzata quando non si vuole specificare quale sia l'azione effettuata in quel luogo.

⑪ 郵便局へ 行って 来ます。
   Vado all'ufficio postale [e torno].

3) 出かけて 来ます

La forma- て del verbo でかけます davanti a きます esprime il concetto di andare da qualche parte e poi tornare indietro. Sia il luogo in cui si va che l'azione che si compie rimangono indefiniti.

⑫ ちょっと 出かけて 来ます。   Esco un attimo [e poi torno].

3. | V forma- て くれませんか | Non mi faresti il piacere di ～?

Questa espressione di richiesta è più cortese di ～て ください, ma meno cortese di ～て いただけませんか (Lezione 26) e ～て くださいませんか (Lezione 41). È l'espressione più adatta da utilizzare verso persone di pari grado o inferiori.

⑬ コンビニへ 行って 来ます。
   ……じゃ、お弁当を 買って 来て くれませんか。
   Vado al Convenience store.
   …… Allora, non mi compreresti un bento (cestino per il pranzo)?

Lezione 44

I. Vocaboli

なきます I	泣きます	piangere
わらいます I	笑います	ridere, sorridere
ねむります I	眠ります	dormire
かわきます I　[シャツが〜]	乾きます	[la camicia] asciugarsi
ぬれます II *　[シャツが〜]		[la camicia] bagnarsi
すべります I	滑ります	scivolare
おきます II　[じこが〜]	起きます　[事故が〜]	accadere, succedere [un incidente]
ちょうせつします III	調節します	regolare, mettere a punto
あんぜん[な]	安全[な]	sicuro, senza pericolo
きけん[な] *	危険[な]	pericoloso
こい	濃い	(sapore) forte/saporito, (colore) scuro
うすい	薄い	(sapore) leggero/delicato, (colore) chiaro, (spessore) sottile
あつい	厚い	(spessore) spesso
ふとい	太い	grosso (di diametro)
ほそい *	細い	esile, fine, sottile (di diametro)
くうき	空気	aria
なみだ	涙	lacrime
わしょく	和食	cucina giapponese
ようしょく	洋食	cucina occidentale
おかず *		piatto di accompagnamento
りょう	量	quantità
ーばい	ー倍	ー volte in più (doppio, triplo, quadruplo, etc.)
シングル		camera singola
ツイン		camera doppia
せんたくもの	洗濯物	bucato
DVD		DVD
※ホテルひろしま		nome di un albergo (nome fittizio)

〈会話〉
どう なさいますか。 Come li facciamo (i suoi capelli)? (f. onorifica)

カット taglio (di capelli)
シャンプー shampoo (〜を します：fare lo shampoo)

どういうふうに なさいますか。 In che modo (li) vuole? (f. onorifica)
ショート taglio corto
〜みたいに して ください。 Me li faccia come 〜.
これで よろしいでしょうか。 Vanno bene così? (f. cortese)
［どうも］お疲れさまでした。 Grazie per la sua pazienza. (saluto del commesso al cliente)

〈読み物〉
嫌がりますⅠ non volere, non piacere, detestare (riferito a terzi)
また inoltre, per di più
うまく abilmente, in modo eccellente
順序 ordine, turno
安心［な］ rassicurato, tranquillo
表現 espressione, rappresentazione
例えば per esempio
別れますⅡ separarsi, lasciarsi
これら questi, queste cose
縁起が 悪い porta sfortuna, porta male

II. Traduzione

Frasi modello
1. Ieri sera ho bevuto troppo (alcol).
2. Questo computer è facile da usare.
3. Mi accorci i pantaloni, per favore.

Frasi di esempio
1. Stai piangendo?
    ……No, ho riso troppo e (quindi) mi sono venute le lacrime.
2. Le macchine di questi tempi sono facili da manovrare, vero?
    ……Sì, ma siccome sono troppo facili, (per questo) guidare non è più divertente.
3. Tra campagna e città, dov'è più facile abitare?
    ……Penso che sia più facile vivere in campagna. Il costo della vita è più basso, e anche l'aria è più pulita.
4. Questo bicchiere è resistente, ed è difficile che si rompa.
    ……Per farlo usare ai bambini è sicuro, va bene vero?
5. Siccome è già notte tardi, non mi fareste il piacere di fare silenzio?
    ……Sì, ci scusi.
6. Da bere che cosa desidera?
    ……Prendo una birra.

Conversazione

Me li faccia come in questa foto

Parrucchiere: Benvenuta. Oggi cosa vuole che facciamo?
Lee: Un taglio, per favore.
Parrucchiere: Allora, le faccio lo shampoo. Da questa parte, prego.
   …………………………………………………
Parrucchiere: Il taglio, in che modo lo vorrebbe?
Lee: Vorrei farmeli corti……
   Me li faccia come in questa foto.
Parrucchiere: Ah, fantastico.
   …………………………………………………
Parrucchiere: La lunghezza davanti, va bene così?
Lee: Uhm… Li faccia ancora un po' più corti per favore.
   …………………………………………………
Parrucchiere: Grazie per la sua pazienza.
Lee: Grazie.

III. Parole e informazioni utili

美容院・理髪店 （びよういん・りはつてん）　Dal parrucchiere/barbiere

ヘアサロン **みんな**

カット	taglio
パーマ	permanente
シャンプー	shampoo
トリートメント	trattamento per i capelli
ブロー	piega
カラー	colore, tintura
エクステ	extension
ネイル	manicure
フェイシャルマッサージ	massaggio facciale
メイク	trucco
着付け（きつけ）	vestizione (di kimono)

耳（みみ）が見（み）えるくらいに　　　　　che si vedano le orecchie.
肩（かた）にかかるくらいに　　　　　　　all'altezza delle spalle.
まゆが隠（かく）れるくらいに　｝切（き）ってください。｛ da nascondere le sopracciglia.
１センチくらい　　　　　　Tagli (i capelli)　　circa un centimetro.
この写真（しゃしん）みたいに　　per favore　　come in questa foto.

髪（かみ）をとかす	pettinare i capelli	ひげ／顔（かお）をそる	fare la barba/radersi il viso
髪（かみ）を分（わ）ける	dividere i capelli	化粧（けしょう）／メイクする	truccare, truccarsi
髪（かみ）をまとめる	raccogliere i capelli	三つ編（あ）みにする	fare la treccia
髪（かみ）をアップにする	tirare su i capelli	刈（か）り上（あ）げる	fare la sfumatura ai capelli
髪（かみ）を染（そ）める	tingere/tingersi i capelli	パーマをかける	fare la permanente

IV. Note grammaticali

1.
   ```
   V (forma- ます)
   Agg- い (～い)      } すぎます
   Agg- な [な]
   ```

   ～すぎます indica che un'azione o uno stato sono considerati eccessivi. Si utilizza quando quell'azione o stato non sono normalmente desiderabili.

   ① ゆうべ お酒を 飲みすぎました。　　Ieri sera ho bevuto troppo.

   ② この セーターは 大きすぎます。　　Questo maglione è troppo grande.

   [Nota] ～すぎます si coniuga come un verbo del Gruppo II.

   Es. のみすぎる　のみすぎ(ない)　のみすぎた

   ③ 最近の 車は 操作が 簡単すぎて、運転が おもしろくないです。
   Le macchine di questi tempi si manovrano troppo facilmente, [per questo] guidare non è più divertente.

   ④ いくら 好きでも、飲みすぎると、体に 悪いですよ。
   Per quanto ti piaccia, se bevi troppo ti fa male al fisico!

2.
   ```
   V (forma- ます) { やすいです
                    にくいです
   ```

   1) Quando il V forma- ます indica un'azione volontaria, ～やすい significa che quell'azione è facile da compiere, mentre ～にくい che è difficile da compiere.

   ⑤ この パソコンは 使いやすいです。　　Questo computer è facile da usare.

   ⑥ 東京は 住みにくいです。　　A Tokyo è difficile abitare.

   L'esempio ⑤ significa che quel computer ha come qualità quella di essere facile da usare, mentre l'esempio ⑥ significa che abitare nella città di Tokyo comporta delle difficoltà.

   2) Quando il V forma- ます non indica un'azione volontaria, ～やすい significa che quell'azione si verifica con facilità, mentre ～にくい che si verifica difficilmente.

   ⑦ 白い シャツは 汚れやすいです。
   La camicia bianca si macchia facilmente.

   ⑧ 雨の 日は 洗濯物が 乾きにくいです。
   Nei giorni di pioggia il bucato si asciuga difficilmente.

   [Nota] ～やすい,～にくい si può applicare allo stesso modo agli Agg- い.

   ⑨ この 薬は 砂糖を 入れると、飲みやすく なりますよ。
   Questa medicina se ci metti lo zucchero diventa più facile da bere.

   ⑩ この コップは 割れにくくて、安全ですよ。
   Questo bicchiere è difficile che si rompa, [perciò] è sicuro.

3.
$$N_1 を \begin{Bmatrix} \text{Agg- い}(\sim い) \rightarrow \sim く \\ \text{Agg- な}[な] \rightarrow \sim に \\ N_2 に \end{Bmatrix} します$$

Mentre l'espressione ～く／～に なります vista nella Lezione 19 indica un cambiamento del soggetto, ～く／～に します indica che qualcuno provoca un cambiamento in un oggetto (N₁).

⑪ 音を 大きく します。　　　　　Alzo il volume (lett. Faccio più grosso il suono).
⑫ 部屋を きれいに します。　　　Faccio bella (pulisco) la stanza.
⑬ 塩の 量を 半分に しました。　Ho dimezzato la quantità di sale.

4. N に します

Questa costruzione indica una scelta o decisione.

⑭ 部屋は シングルに しますか、ツインに しますか。
　　La stanza la facciamo (la scegli) singola o doppia?
⑮ 会議は あしたに します。
　　La riunione facciamola (teniamola) domani.

Lezione 45

I. Vocaboli

しんじますⅡ	信じます	credere, essere convinto
キャンセルしますⅢ		annullare, cancellare, disdire
しらせますⅡ	知らせます	far sapere, informare, avvisare
ほしょうしょ	保証書	certificato di garanzia
りょうしゅうしょ	領収書	ricevuta
キャンプ		campeggio
ちゅうし	中止	sospensione, interruzione
てん	点	voto, punto, punteggio
うめ	梅	fiore di susino
110ばん	110番	numero di pronto intervento (polizia)
119ばん	119番	numero di pronto intervento (vigili del fuoco e ambulanza)
きゅうに	急に	improvvisamente
むりに	無理に	forzatamente
たのしみに しています	楽しみに しています	non vedere l'ora di
いじょうです。	以上です。	(E con questo) è tutto./Con questo ho finito.

〈会話〉

係員 (かかりいん)	addetto, staff
コース	percorso, tracciato
スタート	partenza
一位 (いちい)	− posto (in graduatoria, classifica)
優勝します (ゆうしょう) III	riportare una vittoria, vincere il primo posto (nella classifica)

〈読み物〉

悩み (なやみ)	preoccupazione, problema, tormento
目覚まし［時計］(めざましどけい)	[orologio] sveglia
目が覚めます (めがさめます) II	svegliarsi
大学生 (だいがくせい)	studente universitario
回答 (かいとう)	risposta (〜します：rispondere)
鳴ります (なります) I	suonare, risuonare (intrans.)
セットします III	settare, regolare (la sveglia)
それでも	nonostante ciò

II. Traduzione

Frasi modello
1. Nel caso in cui smarriate la carta di credito, contattate subito l'azienda (che ha emesso la carta).
2. Nonostante me l'avesse promesso, lei non è venuta.

Frasi di esempio
1. Nel caso in cui i treni si fermino per un terremoto, non cercate di tornare a casa a tutti i costi, ma fermatevi a dormire in azienda.
   ······Va bene, ho capito.
2. Questo è il certificato di garanzia di questo computer.
   Nel caso in cui non funzioni bene, contatti questo numero.
   ······Va bene, ho capito.
3. Senta, in questa biblioteca si può avere una ricevuta per le fotocopie?
   ······Sì. Nel caso in cui sia necessario, ce lo dica pure.
4. In caso di incendio, terremoto, etc., non usate assolutamente l'ascensore.
   ······Va bene, ho capito.
5. È andato bene il discorso?
   ······No. Nonostante l'avessi memorizzato esercitandomi con tutto l'impegno, a metà me lo sono dimenticato.
6. Nonostante sia inverno, i fiori di ciliegio sono (già) sbocciati.
   ······Eh?! Quelli non sono fiori di ciliegio. Sono susini!

Conversazione

	Nel caso in cui sbagliassimo percorso, come dobbiamo fare?
Addetto:	Signore e signori, questa maratona è la maratona per la salute, perciò mi raccomando non esagerate.
	Nel caso in cui vi sentiate male, ditelo a un addetto.
Tutti partecipanti:	Sì.
Partecipante 1:	Mi scusi, nel caso in cui sbagliassimo percorso, come dobbiamo fare?
Addetto:	Ritornate indietro e poi proseguite.
Partecipante 2:	Senta, nel caso in cui volessimo smettere a metà strada?
Addetto:	In quel caso dite il vostro nome all'addetto più vicino e tornate a casa. Bene, è l'ora della partenza.
	··
Suzuki:	Sig. Miller, com'è andata la maratona?
Miller:	Sono arrivato secondo.
Suzuki:	Secondo? Grande!
Miller:	No. Nonostante mi fossi allenato con tutto me stesso, è un peccato che non abbia vinto.
Suzuki:	Ci sarà anche il prossimo anno!

III. Parole e informazioni utili

病院（びょういん） All'ospedale

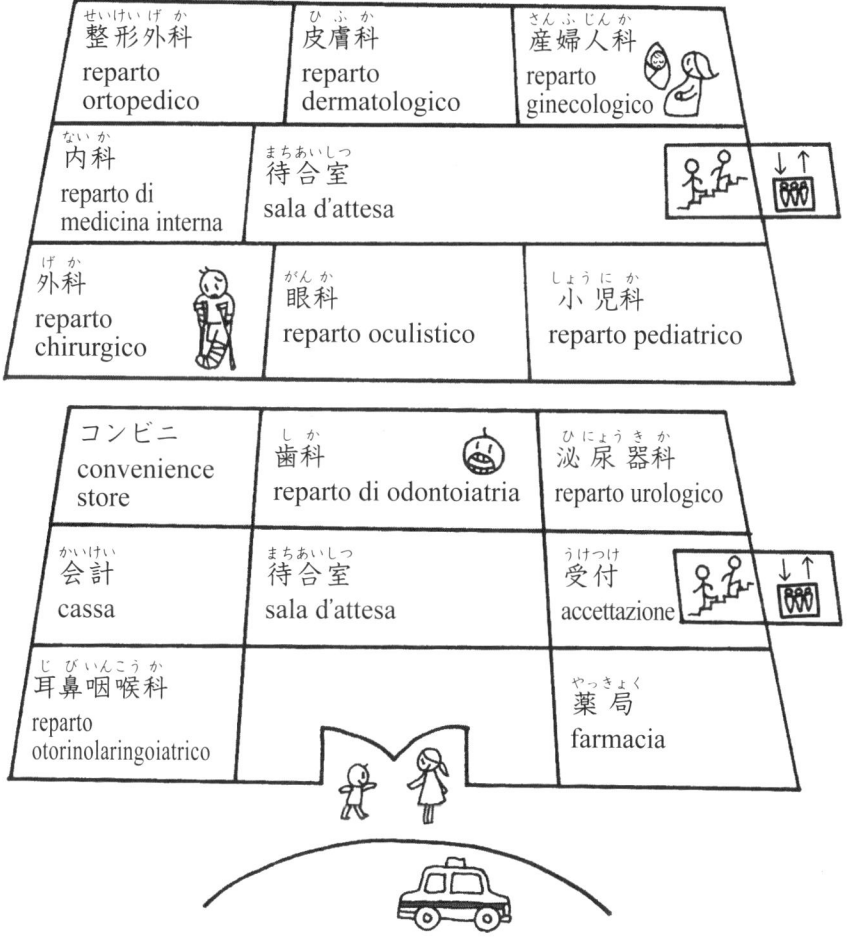

みんなの病院（びょういん）

整形外科（せいけいげか） reparto ortopedico	皮膚科（ひふか） reparto dermatologico	産婦人科（さんふじんか） reparto ginecologico
内科（ないか） reparto di medicina interna	待合室（まちあいしつ） sala d'attesa	
外科（げか） reparto chirurgico	眼科（がんか） reparto oculistico	小児科（しょうにか） reparto pediatrico

コンビニ convenience store	歯科（しか） reparto di odontoiatria	泌尿器科（ひにょうきか） reparto urologico
会計（かいけい） cassa	待合室（まちあいしつ） sala d'attesa	受付（うけつけ） accettazione
耳鼻咽喉科（じびいんこうか） reparto otorinolaringoiatrico		薬局（やっきょく） farmacia

診察（しんさつ）する	visitare
検査（けんさ）する	fare un esame
注射（ちゅうしゃ）する	fare un'iniezione
レントゲンを撮（と）る	fare una radiografia
入院（にゅういん）／退院（たいいん）する	essere ricoverato in ospedale/essere dimesso dall'ospedale
手術（しゅじゅつ）する	operare
麻酔（ますい）する	anestetizzare
処方箋（しょほうせん）	ricetta
カルテ	cartella clinica
保険証（ほけんしょう）	certificato di assicurazione sanitaria
診察券（しんさつけん）	tessera di registrazione ospedaliera

薬（くすり）の種類（しゅるい） Tipi di medicine
痛（いた）み止（ど）め／湿布薬（しっぷやく）／解熱剤（げねつざい）
antidolorifico/impiastro/antipiretico
錠剤（じょうざい）／粉薬（こなぐすり）／カプセル
pasticca/medicina in polvere/capsula

IV. Note grammaticali

1.
```
V forma diz.
V (forma- ない)ない
V forma- た           } 場合は、～
Agg- い(～い)
Agg- な[な]
N の
```

～ばあい è un'espressione usata per parlare riguardo a una situazione ipotetica. La frase successiva esprime il modo in cui si affronta questa situazione, oppure la conseguenza che ne deriva. Poiché ばあい è un nome, le altre parole vi si collegano allo stesso modo dei modificatori del nome.

① 会議に 間に 合わない 場合は、連絡して ください。
   Nel caso in cui tu non faccia in tempo per la riunione, comunicamelo.

② 時間に 遅れた 場合は、会場に 入れません。
   Nel caso in cui si ritardi sull'orario, non si potrà entrare nell'aula.

③ パソコンの 調子が 悪い 場合は、どう したら いいですか。
   Nel caso in cui il computer non funzioni bene, come posso fare?

④ 領収書が 必要な 場合は、言って ください。
   Nel caso in cui sia necessaria la ricevuta, me lo dica per favore.

⑤ 火事や 地震の 場合は、エレベーターを 使わないで ください。
   In caso d'incendio o terremoto non usate l'ascensore.

2.
```
V       }
Agg- い } forma piana      }
Agg- な } forma piana      } のに、～
N       } ～だ→～な        }
```

のに si usa quando la previsione suggerita nella prima parte della frase è poi smentita nella seconda. Nella maggior parte dei casi questo esprime un sentimento di sorpresa e insoddisfazione.

⑥ 約束を したのに、彼女は 来ませんでした。
   Nonostante me l'avesse promesso, [lei] non è venuta.

⑦ きょうは 日曜日なのに、働かなければ なりません。
   Nonostante oggi sia domenica, devo lavorare.

Nel caso dell'esempio ⑥, il parlante si sente tradito perché l'aspettativa che "lei verrà" suggerita dalla "promessa" della subordinata, viene poi smentita nella principale. Nella frase ⑦, la premessa "è domenica" comporta generalmente il fatto che "non si lavora", ma siccome invece il parlante deve lavorare, questi esprime il suo sentimento di insoddisfazione con のに.

[Nota 1] La differenza tra 〜のに e 〜が

Se si sostituisce nella frasi ⑥ e ⑦ il のに con が, si perde il senso di sorpresa e insoddisfazione.

⑧ 約束を しましたが、彼女は 来ませんでした。

    Me l'aveva promesso ma [lei] non è venuta.

⑨ きょうは 日曜日ですが、働かなければ なりません。

    Oggi è domenica ma devo lavorare.

[Nota 2] La differenza tra 〜のに e 〜ても

〜のに esprime il sentimento del parlante rispetto a qualcosa che è già successo, ma a differenza di 〜ても non può esprimere una conclusione avversativa a una situazione ipotetica.

⑩ あした 雨が 降っても、サッカーを します。

    Anche se domani piovesse giocherò a calcio.

  ×あした 雨が 降るのに、サッカーを します。

Lezione 46

I. Vocaboli

わたします I	渡します	consegnare, dare, passare a
かえって きます III	帰って 来ます	tornare
でます II ［バスが～］	出ます	[un autobus] partire
とどきます I ［にもつが～］	届きます ［荷物が～］	arrivare, essere consegnato [un pacco]
にゅうがくします III ［だいがくに～］	入学します ［大学に～］	essere ammesso [all'università]
そつぎょうします III ［だいがくを～］	卒業します ［大学を～］	laurearsi [all'università]
やきます I	焼きます	cuocere, arrostire, grigliare
やけます II ［パンが～］ ［にくが～］	焼けます ［肉が～］	[il pane] essere cotto [la carne] essere arrostita, essere grigliata
るす	留守	assenza (da casa), non essere in casa
たくはいびん	宅配便	corriere, consegna a domicilio
げんいん	原因	causa
こちら		da parte mia, da questa parte
～の ところ	～の 所	nei pressi di ～, da ～ (qualcuno)
はんとし	半年	un semestre
ちょうど		esattamente, precisamente, proprio
たったいま	たった今	proprio ora (si è compiuta un'azione)
いま いいですか。	今 いいですか。	La disturbo in questo momento?

〈会話〉

ガスサービスセンター	Centro Servizi Gas
ガスレンジ	fornello a gas
具合	(buono/cattivo) stato, condizione fisica
申し訳ありません。	Siamo veramente spiacenti.
どちら様でしょうか。	Con chi parlo?
お待たせしました。	Mi scusi per l'attesa.
向かいますⅠ	dirigersi (verso〜), recarsi (a〜)

〈読み物〉

ついて いますⅡ	essere fortunato
床	pavimento
転びますⅠ	cadere, inciampare
ベル	campanello
鳴りますⅠ	suonare (intrans.)
慌てて	in fretta
順番に	in ordine, a turno
出来事	avvenimento, evento, fatto, episodio

II. Traduzione

Frasi modello
1. La riunione sta per iniziare adesso.
2. Lui si è appena laureato all'università lo scorso marzo.
3. Il sig. Miller dovrebbe essere in sala riunioni.

Frasi di esempio
1. Pronto, sono Tanaka, la disturbo?
   ······Mi scusi, ma sto per salire sul treno. La richiamo io più tardi.
2. Hai capito le cause del guasto?
   ······No, sto controllando proprio adesso.
3. C'è la sig.na Watanabe?
   ······Ah, è andata via proprio un attimo fa. Potrebbe essere ancora davanti all'ascensore.
4. Com'è il lavoro?
   ······Non lo so ancora bene, perché sono entrato nell'azienda appena il mese scorso.
5. Questa video camera, nonostante l'abbia appena comprata la settimana scorsa, non funziona.
   ······Allora me la faccia vedere un attimo.
6. Il sig. Miller ancora non c'è?
   ······Dovrebbe arrivare da un momento all'altro, visto che ci ha telefonato poco fa dalla stazione.

Conversazione

Nonostante me l'abbiate appena riparato la settimana scorsa, ancora......

Addetto:	Buongiorno. Centro Servizi Gas.
Thawaphon:	Senta, non mi funziona bene il fornello a gas......
Addetto:	In che condizioni è?
Thawaphon:	Nonostante me l'abbiate appena riparato la settimana scorsa, ancora il fuoco finisce per spegnersi. Siccome è pericoloso, non potreste venire subito a controllare?
Addetto:	Ho capito. Credo che possiamo venire verso le cinque. Devo chiederle il suo recapito e il suo nome. ....
Thawaphon:	Pronto, dovevate venire verso le cinque a controllare il fornello a gas, ma ancora (non arriva nessuno)?
Addetto:	Mi perdoni, con chi parlo?
Thawaphon:	Sono Thawaphon.
Addetto:	Attenda un attimo prego. Contatto l'addetto. ....
Addetto:	Perdoni l'attesa. Proprio in questo momento stiamo venendo da lei. Aspetti ancora una decina di minuti per favore.

III. Parole e informazioni utili

かたかな語のルーツ　　Le origini delle parole in katakana

Il giapponese ha molte parole di importazione straniera che si scrivono utilizzando il katakana. La maggior parte di esse provengono dall'inglese, ma ci sono anche parole originarie dal francese, dall'olandese, dal tedesco, dal portoghese. Inoltre, anche alcune parole inventante in Giappone si scrivono col katakana.

	食べ物・飲み物 cibi e bevande	服飾 abbigliamento	医療関係 medicina, etc.	芸術 arte	その他 altro
英語	ジャム marmellata ハム prosciuto クッキー biscotto チーズ formaggio	エプロン grembiule スカート gonna スーツ completo, tailleur	インフルエンザ influenza ストレス stress	ドラマ telefilm コーラス coro メロディー melodia	スケジュール programma ティッシュペーパー fazzoletto di carta トラブル problema, guaio レジャー tempo libero, ricreazione
フランス語	コロッケ crocchetta オムレツ omelette, frittata	ズボン pantaloni ランジェリー lingerie, biancheria intima		バレエ balletto アトリエ studio, atelier	アンケート questionario コンクール concorso
ドイツ語	フランクフルト [ソーセージ] wurstel [salsiccia]		レントゲン raggi X アレルギー allergia	メルヘン favola, fiaba	アルバイト lavoro part-time エネルギー energia テーマ tema, argomento
オランダ語	ビール birra コーヒー caffè	ホック bottone a pressione, gancio ズック scarpe di tela	メス bisturi ピンセット pinzette	オルゴール carillon	ゴム gomma ペンキ vernice, colore ガラス vetro
ポルトガル語	パン pane カステラ pan di Spagna	ビロード velluto ボタン bottone			カルタ carte da gioco giapponesi コップ bicchiere
イタリア語	マカロニ maccheroni パスタ pasta スパゲッティ spaghetti			オペラ opera	

IV. Note grammaticali

1.
```
V forma diz.
V forma- て いる  } ところです
V forma- た
```

Il ところ che vediamo in questa lezione viene utilizzato per descrivere le fasi di una certa azione o avvenimento.

1) V forma diz. ところです

Indica il momento immediatamente precedente all'inizio dell'azione. Viene spesso utilizzato insieme ad avverbi come これから, [ちょうど] いまから.

① 昼ごはんは もう 食べましたか。
　　……いいえ、これから 食べる ところです。

　　Hai già pranzato?
　　…… No, stavo per mangiare adesso.

② 会議は もう 始まりましたか。
　　……いいえ、今から 始まる ところです。

　　La riunione è già iniziata?
　　…… No, sta per iniziare adesso.

2) V forma- て いる ところです

Indica che siamo nel mezzo all'azione. È spesso utilizzato insieme a いま.

③ 故障の 原因が わかりましたか。
　　……いいえ、今 調べて いる ところです。

　　Ha capito il motivo del guasto?
　　…… No, sto controllando (proprio) adesso.

3) V forma- た ところです

Indica il momento immediatamente successivo alla conclusione dell'azione. Viene spesso utilizzato insieme ad avverbi come たったいま.

④ 渡辺さんは いますか。
　　……あ、たった今 帰った ところです。

　　C'è la sig.na Watanabe?
　　…… Ah, è andata a casa proprio adesso.

⑤ たった今 バスが 出た ところです。

　　Proprio adesso l'autobus è partito.

[Nota] 〜ところです è una frase nominale che si può collegare a varie costruzioni.

⑥ もしもし 田中ですが、今 いいでしょうか。
　　……すみません。今から 出かける ところなんです。

　　Pronto, sono Tanaka, la disturbo? (lett. Va bene [se le telefono] adesso?)
　　…… Mi scusi. Adesso sto per uscire.

2. V forma-た ばかりです

Questa costruzione esprime la sensazione del parlante secondo la quale non sarebbe passato molto tempo da quando una certa azione o un certo fatto sono avvenuti. Indipendentemente dalla reale quantità del tempo trascorso, questa costruzione si usa quando il parlante percepisce un certo fatto come appena avvenuto. Sotto questo aspetto è diverso da V forma-た ところです.

⑦ さっき 昼ごはんを 食べた ばかりです。
　　Ho appena pranzato poco fa.

⑧ 木村さんは 先月 この 会社に 入った ばかりです。
　　La sig.ra Kimura è appena entrata in questa ditta il mese scorso.

[Nota] 〜ばかりです è una frase nominale che si può collegare a varie costruzioni.

⑨ この ビデオは 先週 買った ばかりなのに、調子が おかしいです。
　　Questo videoregistratore, nonostante l'abbia appena comprato la settimana scorsa, funziona male.

3.

| V forma diz. |
| V (forma-ない)ない |
| Agg-い(〜い) |
| Agg-な[な] |
| N の |

はずです

Questa costruzione si usa quando il parlante descrive qualcosa di cui si è personalmente convinto sulla base di un qualche fondamento.

⑩ ミラーさんは きょう 来るでしょうか。
　　……来る はずですよ。きのう 電話が ありましたから。

　　Il sig. Miller viene oggi?
　　…… Dovrebbe venire [sicuramente]. Perché ieri ha telefonato.

Nella frase ⑩, "ieri ha telefonato" è ciò su cui è basato il giudizio del parlante, e cioè che "oggi il sig. Miller verrà". 〜はずです esprime la convinzione del parlante che quella ipotesi è giusta.

Lezione 47

I. Vocaboli

ふきます I [かぜが〜]	吹きます [風が〜]	[il vento] soffiare
もえます II [ごみが〜]	燃えます	[i rifiuti] bruciare (intrans.)
なくなります I	亡くなります	morire, venire a mancare (forma perifrastica di しにます)
あつまります I [ひとが〜]	集まります [人が〜]	riunirsi, radunarsi [le persone]
わかれます II [ひとが〜]	別れます [人が〜]	separarsi, lasciarsi [le persone]
します III [おと／こえが〜]	[音／声が〜]	si sente [un suono/una voce]
[あじが〜]	[味が〜]	avere [un gusto]
[においが〜]		avere [un odore]
きびしい	厳しい	severo, rigido, duro
ひどい		grave, terribile, cattivo
こわい	怖い	pauroso, terrificante
じっけん	実験	esperimento
データ		dati
じんこう	人口	popolazione
におい		odore
かがく	科学	scienza
いがく*	医学	scienza medica, medicina
ぶんがく	文学	letteratura
パトカー		volante della polizia
きゅうきゅうしゃ	救急車	ambulanza
さんせい	賛成	approvazione, (essere) d'accordo, consenso
はんたい	反対	opposizione, opposto, dissenso
だいとうりょう	大統領	Presidente, capo dello Stato
〜に よると		secondo 〜 (indica la fonte di informazione)

〈会話〉
婚約します Ⅲ　　　　　　　　　fidanzarsi
どうも　　　　　　　　　　　　sembrerebbe che 〜（supposizione）
恋人　　　　　　　　　　　　　fidanzato/a, innamorati
相手　　　　　　　　　　　　　compagno, l'altra persona
知り合います Ⅰ　　　　　　　　conoscersi

〈読み物〉
化粧　　　　　　　　　　　　　trucco（〜を します：truccarsi）
世話を します Ⅲ　　　　　　　prendersi cura
女性　　　　　　　　　　　　　donna, femmina
男性　　　　　　　　　　　　　uomo, maschio
長生き　　　　　　　　　　　　lunga vita, longevità（〜します：vivere a lungo）
理由　　　　　　　　　　　　　motivo
関係　　　　　　　　　　　　　relazione, rapporto

II. Traduzione

Frasi modello
1. Secondo le previsioni del tempo, domani verrà freddo.
2. Sembra che ci sia qualcuno nella stanza accanto.

Frasi di esempio
1. L'ho letto sul giornale, dicono che a gennaio c'è uno speech contest. Perché non prova ad andarci anche lei, sig. Miller?
   ······È vero. Ci penserò.
2. Dicono che la sig.ra Klara quando era bambina abitava in Francia.
   ······E così capisce anche il francese, eh.
3. Ho sentito dire che il nuovo dizionario elettronico della Power Denki è buono perché è molto facile da usare.
   ······Sì. Io l'ho già comprato.
4. Ho sentito dire che il prof. Watt è un professore severo.
   ······Sì, ma le sue lezioni sono molto interessanti, sai.
5. Si sentono delle voci allegre eh!
   ······Sì. Sembra che stiano facendo una festa o qualcosa simile.
6. C'è una moltitudine di persone riunite eh!
   ······Sembrerebbe un incidente vero? Sono arrivate le macchine della polizia e l'ambulanza.

Conversazione

Ho sentito dire che si è fidanzata

Watanabe: Vado via per prima, con permesso.
Takahashi: Ah, aspetti un attimo sig.na Watanabe. Vado via anch'io.
Watanabe: Scusi, ma ho un po' fretta.
          ···
Takahashi: Ultimamente la sig.na Watanabe va a casa presto vero? Sembrerebbe che abbia trovato un fidanzato.
Hayashi: Ah, non lo sa? Ho sentito dire che si è fidanzata da poco.
Takahashi: Eh!? E chi è... il suo fidanzato?
Hayashi: Il sig. Suzuki dell'IMC!
Takahashi: Eh!! Il sig. Suzuki?
Hayashi: Dicono che si sono conosciuti al matrimonio del sig. Watt.
Takahashi: Ah, sì?
Hayashi: A proposito, e lei, sig. Takahashi?
Takahashi: Io? Per me il lavoro è la mia fidanzata.

III. Parole e informazioni utili

擬音語・擬態語　Onomatopee

ザーザー（降る） (piovere) forte/a dirotto	ピューピュー（吹く） fischiare (del vento)	ゴロゴロ（鳴る） tuonare (del tuono)
ワンワン（ほえる） bau bau (abbaiare)	ニャーニャー（鳴く） miao miao (miagolare)	カーカー（鳴く） gracchiare (del corvo)
げらげら（笑う） (ridere) rumorosamente	しくしく（泣く） (piangere) sommessamente	きょろきょろ（見る） (guardarsi) intorno curiosamente
ぱくぱく（食べる） (mangiare) abbondantemente	ぐうぐう（寝る） (dormire) profondamente	すらすら（読む） (leggere) fluentemente
ざらざら（している） (essere) ruvido	べたべた（している） (essere) appiccicoso	つるつる（している） (essere) liscio/scivoloso

IV. Note grammaticali

1. | Forma piana そうです | Dicono che ~

Il parlante trasmette all'interlocutore un'informazione appresa da qualcun altro così come è, per sentito dire, senza aggiungervi una propria opinione. La fonte da cui apprende l'informazione viene indicata con la forma ~に よると, e posta a inizio frase.

① 天気予報に よると、あしたは 寒く なるそうです。
   Secondo le previsioni del tempo, domani verrà freddo.

② クララさんは 子どもの とき、フランスに 住んで いたそうです。
   Dicono che la sig.ra Klara quando era bambina abitava in Francia.

③ バリは とても きれいだそうです。
   Dicono che Bali sia molto bella.

[Nota 1] Questo ~そうです è diverso sia per significato che per modo di congiunzione da quello visto nella Lezione 43. Confrontiamo alcuni esempi.

④ 雨が 降りそうです。   Sembra che stia per piovere. (L.43)
⑤ 雨が 降るそうです。   Dicono che pioverà.
⑥ この 料理は おいしそうです。   Questa pietanza sembra buona. (L.43)
⑦ この 料理は おいしいそうです。 Dicono che questa pietanza è buona.

[Nota 2] La differenza tra ~そうです (per sentito dire) e ~と いって いました (Lezione 33).

⑧ ミラーさんは あした 京都へ 行くそうです。
   Dicono che il sig. Miller domani andrà a Kyoto.

⑨ ミラーさんは あした 京都へ 行くと 言って いました。
   Il sig. Miller ha detto che domani andrà a Kyoto.

Nell'esempio ⑨ la fonte dell'informazione è il sig. Miller stesso, mentre nell'esempio ⑧ l'informazione può anche provenire da qualcun altro.

2. | V / Agg-い   forma piana
       | Agg-な   forma piana ~だ→~な
       | N   forma piana ~だ→~の } ようです | Sembrerebbe che ~

~ようです indica un giudizio del parlante formulato sulla base della situazione contingente. Può essere accompagnato dall'avverbio どうも, che significa "non posso esserne sicuro però...".

⑩ 人が 大勢 集まって いますね。
   ……事故のようですね。パトカーと 救急車が 来て いますよ。
   C'è una moltitudine di persone radunate eh!
      …… Sembrerebbe un incidente vero? Sono arrivate le macchine della polizia e l'ambulanza.

⑪ せきも 出るし、頭も 痛い。どうも かぜを ひいたようだ。
   Ho la tosse e mi fa male la testa. Sembrerebbe proprio che abbia preso il raffreddore.

[Nota] La differenza tra ～そうです (Lezione 43) e ～ようです．

⑫　ミラーさんは忙しそうです。　　Il sig. Miller sembra impegnato.

⑬　ミラーさんは忙しいようです。　Sembrerebbe che il sig. Miller sia impegnato.

Nell'esempio ⑫ si esprime un giudizio basato sull'aspetto esteriore del sig. Miller, mentre nell'esempio ⑬ il parlante esprime un giudizio basato su una certa situazione ("non si fa sentire", "non viene alle feste", etc.).

3. 声／音／におい／味が します

⑭　にぎやかな声がしますね。　　Si sentono delle voci allegre eh!

Esprime qualcosa che si percepisce attraverso i cinque sensi, come una voce, un suono, un odore, un sapore.

Lezione 48

I. Vocaboli

おろします I	降ろします、下ろします	mettere giù, scaricare
とどけます II	届けます	consegnare, portare, recapitare
せわを します III	世話を します	prendersi cura
ろくおんします III	録音します	registrare (musica, voce, etc.)
いや[な]	嫌[な]	odioso, sgradevole, che non piace
じゅく	塾	doposcuola privato
せいと	生徒	allievo
ファイル		cartella, raccoglitore (per documenti)
じゆうに	自由に	liberamente, a piacere
〜かん	〜間	per 〜 (durata di tempo)
いい ことですね。		È una buona cosa.

〈会話〉
お忙しいですか。 　　　　　　　　Ha da fare?（rivolgendosi a un superiore）
営業 　　　　　　　　　　　　　　affari, attività commerciale, gestione
それまでに 　　　　　　　　　　　entro quel momento
かまいません。 　　　　　　　　　Non importa./Va benissimo.
楽しみますⅠ 　　　　　　　　　　godersi, divertirsi

〈読み物〉
親 　　　　　　　　　　　　　　　genitore
小学生 　　　　　　　　　　　　　alunno di scuola elementare
－パーセント 　　　　　　　　　　－ per cento
その次 　　　　　　　　　　　　　il successivo, il prossimo
習字 　　　　　　　　　　　　　　esercizi di calligrafia
普通の 　　　　　　　　　　　　　normale, generale

II. Traduzione

Frasi modello
1. Faccio andare mio figlio a studiare in Inghilterra.
2. Faccio imparare il pianoforte a mia figlia.

Frasi di esempio
1. Ho sentito dire che gli allenamenti di questo corso di calcio sono duri, vero?
   ……Sì, tutti i giorni fanno correre i bambini per un chilometro.
2. Fra un po' tolgo il disturbo.
   ……Ah, aspetti un attimo.
      La faccio accompagnare da mio figlio fino alla stazione.
3. Oltre allo studio a scuola, Hans sta imparando qualcosa?
   ……Sì, siccome mi ha detto che voleva fare judo, gli sto facendo frequentare un corso di judo.
4. Che tipo di insegnante è la maestra Ito?
   ……È una brava maestra. Fa leggere ai suoi allievi i libri che gli piacciono, e gli fa dire liberamente le loro opinioni.
5. Mi scusi, mi permette di parcheggiare la macchina qui per un po'?
   ……Sì, va bene.

Conversazione

Mi farebbe prendere le ferie?

Miller:	Sig.ra capo sezione, è impegnata adesso?
Capo sezione Nakamura:	No. Prego.
Miller:	Avrei un attimo un favore da chiederle……
Capo sezione Nakamura:	Di che si tratta?
Miller:	Senta, non mi farebbe prendere le ferie per circa 10 giorni dal 7 del prossimo mese?
Capo sezione Nakamura:	Per 10 giorni?
Miller:	Veramente si sposa un mio amico negli Stati Uniti.
Capo sezione Nakamura:	Ah, sì? Dunque…… il 20 del prossimo mese c'è una riunione amministrativa. Può rientrare entro quella data, vero?
Miller:	Certo.
Capo sezione Nakamura:	Allora, non c'è problema. Si diverta.
Miller:	Grazie mille.

III. Parole e informazioni utili

しつける・鍛える **Educare e disciplinare**

子どもに何をさせますか。　Cosa fai fare ai tuoi bambini?

- 自然の中で遊ぶ
  giocare nella natura

- スポーツをする
  fare sport

- 一人で旅行する
  viaggiare da soli

- いろいろな経験をする
  fare varie esperienze

- いい本をたくさん読む
  leggere tanti buoni libri

- お年寄りの話を聞く
  ascoltare i discorsi degli anziani

- ボランティアに参加する
  partecipare ad attività di volontariato

- うちの仕事を手伝う
  aiutare nei lavori di casa

- 弟や妹、おじいちゃん、おばあちゃんの世話をする
  prendersi cura di fratelli, sorelle e nonni

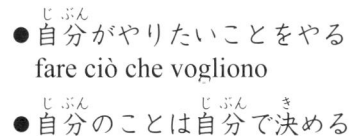

- 自分がやりたいことをやる
  fare ciò che vogliono

- 自分のことは自分で決める
  prendere decisioni da se

- 自信を持つ
  avere fiducia in se stessi

- 責任を持つ
  prendersi le proprie responsabilità

- 我慢する
  essere pazienti

- 塾へ行く
  andare al doposcuola

- ピアノや英語を習う
  imparare il pianoforte, l'inglese, etc.

IV. Note grammaticali

1. Verbi causativi

		Verbi causativi	
		Forma cortese	Forma piana
I	いきます	いかせます	いかせる
II	たべます	たべさせます	たべさせる
III	きます	こさせます	こさせる
	します	させます	させる

(cfr. Volume principale, Lezione 48, Esercizio A1)

I verbi causativi si coniugano come verbi del Gruppo II.

Es. かかせます　　かかせる　　かかせ(ない)　　かかせて

2. Frasi con verbi causativi

È possibile indicare il soggetto dell'azione con を o con に. Come regola generale, 1) nel caso di un verbo intransitivo si usa を, 2) nel caso di un verbo transitivo si usa に.

1) N(persona)を　V causativo(intransitivo)　　fare V(intransitivo) N(persona)

   ① 部長は ミラーさんを アメリカへ 出張させます。

   Il capo dipartimento farà andare il sig. Miller in America per lavoro.

   ② わたしは 娘を 自由に 遊ばせました。

   Io ho fatto giocare liberamente mia figlia.

   [Nota] Nel caso della costruzione N (luogo) を + V intransitivo, il soggetto dell'azione prende に.

   ③ わたしは 子どもに 道の 右側を 歩かせます。

   Io faccio camminare i bambini sul lato destro della strada.

2) N₁(persona)に　N₂を　V causativo(transitivo)　　fare V(transitivo) N₂ a N₁(persona)

   ④ 朝は 忙しいですから、娘に 朝ごはんの 準備を 手伝わせます。

   Siccome la mattina sono impegnata, mi faccio aiutare da mia figlia a preparare la colazione.

   ⑤ 先生は 生徒に 自由に 意見を 言わせました。

   Il professore ha fatto dire liberamente agli studenti la [loro] opinione.

3. Come si usano i verbi causativi

I verbi causativi esprimono costrizione o autorizzazione. Si usano per esempio quando un superiore costringe o concede il permesso a un inferiore per fare qualcosa, come un genitore al figlio, il fratello maggiore al minore, il capo ufficio all'impiegato. I precedenti ①, ③ e ④ sono esempi di costrizione, il ② e ⑤ di autorizzazione.

[Nota] Normalmente, siccome una persona di grado inferiore non è nella posizione di poter costringere o dare autorizzazioni a un superiore, non può utilizzare i verbi causativi in questo senso. Quando si fa fare qualcosa (nell'esempio ⑥ せつめいします) a un'altra persona (ぶちょう) si utilizza V forma- て いただきます, V forma- て もらいます, etc., per mostrare gratitudine a quella persona. Questa espressione si può utilizzare anche nei confronti di persone di grado pari o inferiore, per dimostrare a queste una particolare gratitudine, come nell'esempio ⑦.

⑥ わたしは 部長に 説明して いただきました。
   Mi sono fatto spiegare dal capo dipartimento.

⑦ わたしは 友達に 説明して もらいました。
   Mi sono fatto spiegare dall'amico.

4. | V causativo forma- て いただけませんか | Non potrei chiederle di farmi fare ~?

Nella Lezione 26 abbiamo visto V forma- て いただけませんか, come un modo per chiedere all'interlocutore di compiere una certa azione. Quando il parlante vuole chiedere l'autorizzazione dall'interlocutore a fare egli stesso una certa azione si usa V causativo forma- て いただけませんか.

⑧ いい 先生を 紹介して いただけませんか。
   Non potrebbe presentarmi un buon insegnante? (L.26)

⑨ 友達の 結婚式が あるので、早く 帰らせて いただけませんか。
   Siccome ho il matrimonio di un amico, non potrebbe farmi tornare a casa prima?

Nella ⑧ la persona che presenta しょうかいします è l'interlocutore, mentre nella ⑨ la persona che torna a casa かえります è il parlante.

Lezione 49

I. Vocaboli

りようしますⅢ	利用します	utilizzare
つとめますⅡ ［かいしゃに～］	勤めます ［会社に～］	essere impiegato [in una ditta]
かけますⅡ ［いすに～］	掛けます	accomodarsi [su una sedia]
すごしますⅠ	過ごします	trascorrere (il tempo, trans.)
いらっしゃいますⅠ		esserci, andare, venire (forma onorifica di います、いきます e きます)
めしあがりますⅠ	召し上がります	mangiare, bere (forma onorifica di たべます e のみます)
おっしゃいますⅠ		dire, chiamarsi (forma onorifica di いいます)
なさいますⅠ		fare (forma onorifica di します)
ごらんに なりますⅠ	ご覧に なります	vedere, guardare (forma onorifica di みます)
ごぞんじです	ご存じです	sapere, conoscere (forma onorifica di しっています)
あいさつ		saluto, discorso di saluto (～を します：salutare, fare un discorso di saluto)
りょかん	旅館	albergo (in stile giapponese)
バスてい	バス停	fermata dell'autobus
おくさま	奥様	moglie (di altre persone) (forma onorifica di おくさん)
～さま	～様	(forma onorifica di ～さん)
たまに		una volta ogni tanto
どなたでも		chiunque (forma onorifica di だれでも)
～と いいます		chiamarsi ～

〈会話〉

一年一組	classe − del − anno (es. classe A del secondo anno)
出しますⅠ［熱を〜］	venire [la febbre]
よろしく お伝え ください。	Porga i miei saluti (a qualcuno).
失礼いたします。	Arrivederla./Tolgo il disturbo. (forma umile di しつれいします)
※ひまわり 小学校	nome di una scuola elementare (nome fittizio)

〈読み物〉

経歴	carriera, esperienza (di lavoro, studio, etc.)
医学部	facoltà di medicina
目指しますⅠ	mirare a, avere come meta
進みますⅠ	continuare (gli studi dopo la laurea)
iPS 細胞	cellula staminale pluripotente indotta
開発しますⅢ	sviluppare
マウス	topo
ヒト	essere umano
受賞しますⅢ	ricevere un premio
講演会	conferenza
※山中伸弥	medico giapponese (1962-)
※ノーベル賞	premio Nobel

II. Traduzione

Frasi modello
1. Il capo sezione è tornato a casa.
2. Il presidente è tornato a casa.
3. Il capo dipartimento farà un viaggio di lavoro negli Stati Uniti.
4. Attenda un attimo, prego.

Frasi di esempio
1. Ha letto questo libro?
   ……Sì, l'ho già letto.
2. Dov'è il capo dipartimento?
   ……È uscito poco fa.
3. Guarda spesso i film?
   ……Beh, ogni tanto vado a vederli (al cinema) con mia moglie.
4. Sa che il figlio del sig. Ogawa ha superato l'esame d'ammissione all'Università Sakura?
   ……No, non lo sapevo.
5. Qual è il suo nome?
   ……Mi chiamo Watt.
6. Di lavoro, che cosa fa?
   ……Sono un bancario. Lavoro alla Banca Apple.
7. C'è il capo dipartimento Matsumoto?
   ……Sì, è in questa stanza. Prego, entri pure.

Conversazione

Porga i miei saluti

Insegnante: Sì, pronto, scuola elementare Himawari.
Klara: Buongiorno.
Sono la madre di Hans Schmidt della classe 2 del quinto anno. C'è la maestra Ito?
Insegnante: No, non ancora......
Klara: Allora, vorrei lasciare un messaggio alla maestra Ito......
Insegnante: Sì, di cosa si tratta?
Klara: Veramente a Hans ieri sera è venuta la febbre, e stamattina ancora non gli è scesa.
Insegnante: Ah, che guaio.
Klara: Siccome oggi lo faccio stare a casa, porga i miei saluti alla maestra.
Insegnante: Ho capito. Gli auguro una pronta guarigione.
Klara: Grazie. Arrivederla.

III. Parole e informazioni utili

季節の行事　　**Feste stagionali**

お正月 Capodanno

1月1日〜3日

Celebrazione di inizio anno. Le persone vanno ai templi o santuari per pregare per salute e prosperità.

豆まき Lancio cerimoniale dei fagioli

2月3日ごろ

La notte del Setsubun, si lanciano dei fagioli dicendo "Fuori i demoni! Dentro la fortuna!".

ひな祭り
Festa delle bambine

3月3日

Le famiglie che hanno delle bambine dispongono in casa delle bambole tradizionali.

5月5日

こどもの日 Festa dei bambini

Celebrazione perché i figli crescano sani. Originariamente era il giorno in cui si pregava per la crescita dei figli maschi.

7月7日

七夕 Festa di Tanabata

Ha origine in una leggenda cinese secondo la quale le due stelle del Mandriano (Vega) e della Tessitrice (Altair) situati ai lati opposti della Via Lattea si incontrano solo una volta durante l'anno.

お盆
Festa di Obon

8月13日〜15日

Una festa buddista durante la quale si porgono delle offerte alle anime degli antenati della propria famiglia, facendo anche visita alle tombe.

9月15日ごろ

お月見
Otsukimi

Notte in cui si apprezza la bellezza della luna piena.

12月31日

大みそか Vigilia di Capodanno

Ultimo giorno dell'anno. Si aspetta l'arrivo dell'anno nuovo facendo le pulizie di fine anno, preparando l'osechi (cibo che si consuma a capodanno), etc. Verso mezzanotte risuonano le campane dei templi buddisti.

IV. Note grammaticali

1. 敬語（Linguaggio onorifico）

Il けいご è una forma con la quale il parlante dimostra il proprio rispetto nei confronti dell'interlocutore o della persona di cui si sta parlando. Usare o meno il linguaggio onorifico dipende dall'interlocutore, dalla persona di cui si sta parlando e dal luogo. Fondamentalmente si usa (1) quando si parla con persone di grado più alto, con persone che non conosciamo o con le quali non siamo in confidenza, (2) quando si parla a proposito di persone di grado più alto, (3) quando si parla in un luogo o contesto formali. Nella Lezione 49 impariamo la forma onorifica そんけいご, nella Lezione 50 vedremo la forma umile けんじょうご.

2. 尊敬語（Forma onorifica）

Con la forma onorifica si esprime rispetto verso il soggetto di un'azione o stato.

1) Verbi

Esprime rispetto verso la persona che compie quell'azione.

(1) V onorifico (cfr. Volume principale, Lezione 49, Esercizio A1)

Come per i verbi passivi, i verbi onorifici si coniugano come verbi del Gruppo II.
Es. かかれます　かかれる　かかれ(ない)　かかれて

① 中村さんは 7時に 来られます。　La sig.ra Nakamura viene alle sette.
② お酒を やめられたんですか。　[Lei] Ha smesso di bere?

(2) お V（forma-ます）に なります

Questa forma è generalmente considerata più cortese del semplice verbo onorifico del punto (1). I verbi in cui la forma-ます ha una sola sillaba, come みます、ねます, e i verbi del Gruppo III, non usano questa costruzione. Quando un verbo ha una forma onorifica particolare come quelle indicate al punto (3), si usa quest'ultima.

③ 社長は もう お帰りに なりました。　Il presidente è già tornato a casa.

(3) Forme onorifiche particolari (cfr. Volume principale, Lezione 49, Esercizio A4)

Alcuni verbi hanno una propria particolare forma onorifica. Questa esprime un livello di rispetto uguale al punto (2).

④ ワット先生は 研究室に いらっしゃいます。
　　Il prof. Watt è nel [suo] studio.
⑤ どうぞ 召し上がって ください。　Prego, mangi pure.

[Nota 1] いらっしゃいます (forma diz.: いらっしゃる), なさいます (forma diz.: なさる), くださいます (forma diz.: くださる) e おっしゃいます (forma diz.: おっしゃる) sono verbi del Gruppo I, ma la loro coniugazione è particolare.
Es. いらっしゃいます（×いらっしゃります）　いらっしゃる
　　いらっしゃらない　いらっしゃった　いらっしゃらなかった

(4) お／ご～ ください

Questa costruzione è la forma onorifica di V forma-て ください (cfr. Lezione 14)
I verbi del Gruppo I e Gruppo II prendono la forma お V (forma-ます) ください, mentre i verbi del Gruppo III (N します) prendono la forma ご N ください.

⑥ どうぞ お入り ください。　Prego, entri [pure].

⑦ 忘れ物に ご注意 ください。
　　　Faccia attenzione a (non lasciare) oggetti smarriti.

I verbi la cui forma- ます ha una sola sillaba come みます, ねます, etc. non usano questa costruzione. Quando un verbo ha una forma onorifica particolare come quelle indicate al punto (3), si usa quest'ultima con - て ください.

⑧ また いらっしゃって ください。　　　Torni presto [a trovarmi].

2) Nomi, Aggettivi, Avverbi

Nel caso di nomi, aggettivi o avverbi, si esprime rispetto verso la persona che possiede quell'oggetto o quello stato aggiungendo prima di quella parola お oppure ご. A seconda della parola a cui sono preposti si deve utilizzare alternativamente お oppure ご. Come regola generale, per le parole di origine giapponese si utilizza più spesso お, mentre per quelle importate dal cinese si utilizza ご.

Esempi di parole che vogliono お　　　　　Esempi di parole che vogliono ご
Nomi　お国, お名前, お仕事　　　　　　Nomi　ご家族, ご意見, ご旅行
　　　お約束, お電話
Agg- な　お元気, お上手, お暇　　　　Agg- な　ご熱心, ご親切
Agg- い　お忙しい, お若い　　　　　　Avverbi　ご自由に

[Nota 2] Quando si utilizza il けいご, non solo i verbi, ma anche le altre parole della frase prendono generalmente una forma onorifica.

⑨ 部長の 奥様も ごいっしょに ゴルフに 行かれます。
　　　Anche la [onorevole] moglie del capo dipartimento viene con noi.

3. Linguaggio onorifico e stile della frase

Quando si esprime rispetto per la persona oggetto del discorso, ma non c'è la necessità di esprimere lo stesso rispetto nei confronti dell'interlocutore, si utilizza il けいご in una frase a stile piano, come nell'esempio ⑩.

⑩ 部長は 何時に いらっしゃる？　　　A che ora viene il capo dipartimento?

4. ～まして

Quando si vuole parlare in maniera particolarmente cortese è possibile sostituire il V forma- て con V (forma- ます) まして.

⑪ ハンスが ゆうべ 熱を 出しまして、けさも まだ 下がらないんです。
　　　A Hans ieri sera è venuta la febbre, e (anche) stamattina ancora non gli è scesa.

5. ～ますので

Quando si vuole usare l'espressione ので in maniera particolarmente cortese è possibile sostituire la forma piana in forma cortese prima di ので.

⑫ きょうは 学校を 休ませますので、先生に よろしく お伝え ください。
　　　Siccome oggi lo faccio stare a casa (lett. lo metto a riposo da scuola), porga i miei saluti alla maestra.

Lezione 50

I. Vocaboli

まいりますI	参ります	andare, venire (forma umile di いきます e きます)
おりますI		esserci (forma umile di います)
いただきますI		mangiare, bere, ricevere (forma umile di たべます, のみます e もらいます)
もうしますI	申します	dire, chiamarsi (forma umile di いいます)
いたしますI		fare (forma umile di します)
はいけんしますIII	拝見します	vedere, guardare (forma umile di みます)
ぞんじますII	存じます	sapere, conoscere (forma umile di しります)
うかがいますI	伺います	domandare, ascoltare, sentire, visitare (forma umile di ききます e いきます)
おめに かかりますI	お目に かかります	incontrare, vedere (forma umile di あいます)
いれますII [コーヒーを～]		fare [il caffè]
よういしますIII	用意します	preparare
わたくし	私	io (forma umile di わたし)
ガイド		guida turistica (persona)
メールアドレス		indirizzo e-mail
スケジュール		programma, agenda
さらいしゅう*	さ来週	fra due settimane
さらいげつ	さ来月	fra due mesi
さらいねん*	さ来年	fra due anni
はじめに	初めに	all'inizio, prima di tutto
※江戸東京博物館		Museo Edo-Tokyo

〈会話〉

緊張します Ⅲ	essere nervoso, diventare teso
賞金	premio in denaro
きりん	giraffa
ころ	ai tempi di, all'epoca di
かないます Ⅰ ［夢が～］	realizzarsi [un sogno]
応援します Ⅲ	fare il tifo, sostenere, incoraggiare
心から	dal cuore
感謝します Ⅲ	ringraziare

〈読み物〉

お礼	ringraziamento
お元気で いらっしゃいますか。	Come sta?（forma onorifica di おげんきですか）
迷惑を かけます Ⅱ	recare disturbo, infastidire
生かします Ⅰ	valorizzare, sfruttare (un'esperienza)
※ミュンヘン	Monaco di Baviera（Germania）

II. Traduzione

Frasi modello
1. Le invio il programma di questo mese.
2. Verrò domani alle tre.
3. Vengo dagli Stati Uniti d'America.

Frasi di esempio
1. Sembra pesante (il Suo bagaglio). Glielo porto?
   ……Sì, grazie. Per favore.
2. Signora guida, dopo aver visto qui, dove andiamo?
   ……Vi guiderò nel Museo Edo-Tokyo.
3. L'arrivo del sig. Gupta è alle due vero? Qualcuno va a prenderlo?
   ……Sì, vado io.
4. Controllo un attimo il suo biglietto.
   ……Sì.
   Grazie mille.
5. Questo è il sig. Miller.
   ……Piacere. Mi chiamo Miller.
      Lieto di conoscervi.
6. Dove sta la sua famiglia?
   ……Sta a New York.

Conversazione
Ringrazio di cuore

Presentatore:	Congratulazioni per la vittoria. È stato un magnifico discorso.
Miller:	Grazie.
Presentatore:	Era teso?
Miller:	Sì, ero molto nervoso.
Presentatore:	È stato duro esercitarsi?
Miller:	Sì. Ero impegnato, e non ho avuto quasi mai il tempo per esercitarmi.
Presentatore:	E il premio, in cosa lo spenderà?
Miller:	Umm, a me piacciono gli animali e fin da quando ero bambino andare in Africa era il mio sogno.
Presentatore:	Allora, andrà in Africa?
Miller:	Sì. Vorrei vedere le giraffe e gli elefanti immersi nella natura africana.
Presentatore:	Si realizzerà il suo sogno di quando era piccolo!
Miller:	Sì. Sono felice. Ringrazio di cuore tutti coloro che mi hanno supportato. Grazie infinite!

III. Parole e informazioni utili

封筒・はがきのあて名の書き方　Come si scrive il destinatario di una lettera o cartolina

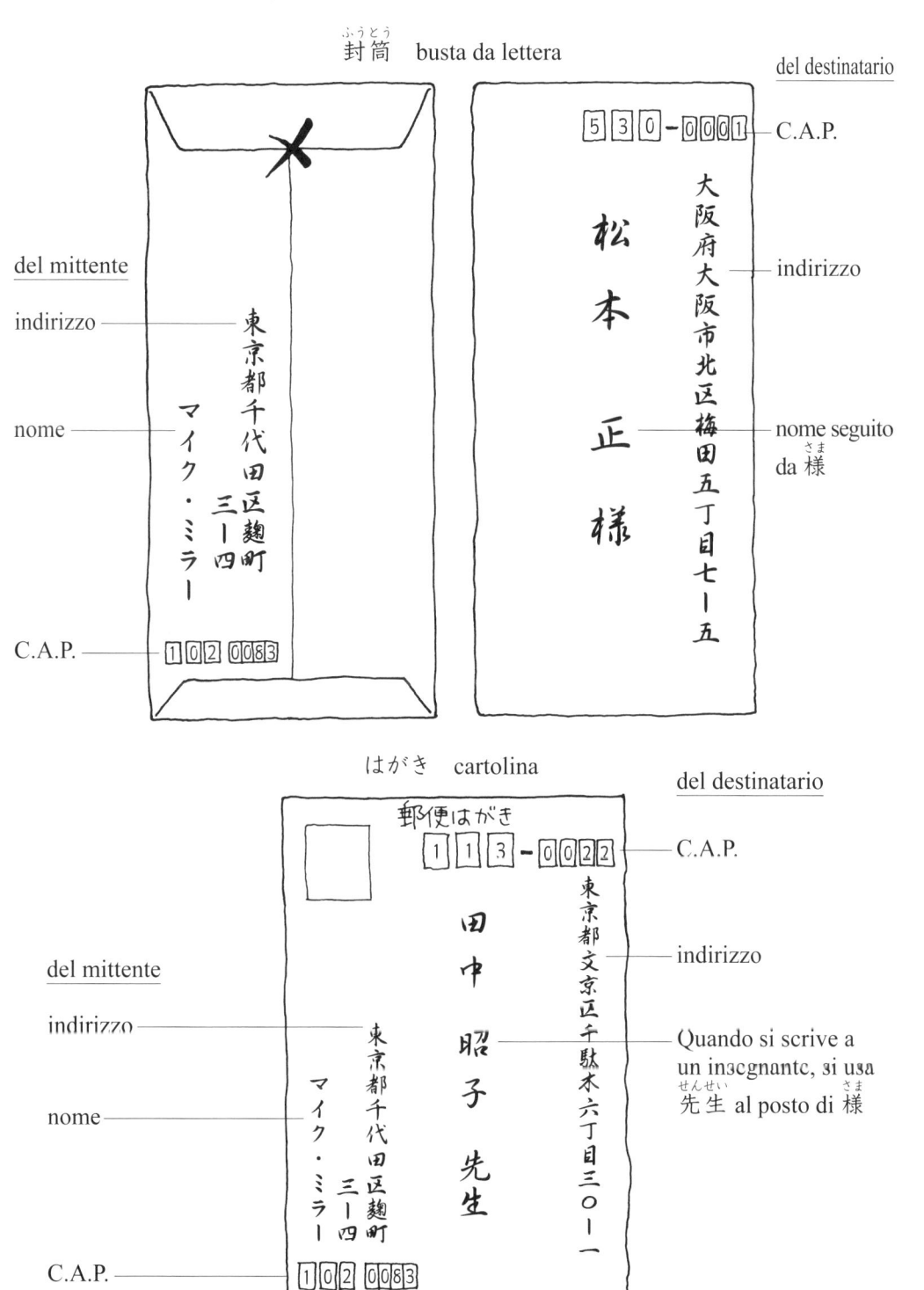

封筒　busta da lettera

del destinatario
- C.A.P.: 530-0001
- indirizzo: 大阪府大阪市北区梅田五丁目七一五
- nome seguito da 様: 松本 正 様

del mittente
- indirizzo: 東京都千代田区麹町三一四
- nome: マイク・ミラー
- C.A.P.: 102 0083

はがき　cartolina

del destinatario
- C.A.P.: 113-0022
- indirizzo: 東京都文京区千駄木六丁目三〇一一
- Quando si scrive a un insegnante, si usa 先生 al posto di 様: 田中 昭子 先生

del mittente
- indirizzo: 東京都千代田区麹町三一四
- nome: マイク・ミラー
- C.A.P.: 102 0083

IV. Note grammaticali

1. 謙譲語 I (Forma umile I - verbi)

Quando il parlante (o una persona a lui vicina) compie un'azione diretta verso un interlocutore (o persone a esso vicine) verso il quale si vuole esprimere rispetto, si utilizza la Forma umile I per "abbassare" il livello dell'azione.

1) お／ご～します

　(1) お V (Gruppo I e II — forma- ます) します
　　① 重そうですね。お持ちしましょうか。
　　　　Sembra pesante. Glielo porto [umilmente] io?
　　② 私が社長にスケジュールをお知らせします。
　　　　Faccio [umilmente] sapere al presidente il programma.
　　③ 兄が車でお送りします。
　　　　Mio fratello la accompagnerà [umilmente] con la macchina.

Nei tre esempi precedenti il parlante esprime rispetto verso: il proprietario della borsa che è anche l'interlocutore (①), il presidente al quale è rivolta l'azione di "far sapere" (②), e l'interlocutore che verrà accompagnato in macchina (③).

Come per i verbi みます, います, questa forma non si utilizza nel caso di verbi di cui la forma- ます sia composta da una sola sillaba.

　(2) ご V (Gruppo III)
　　④ 江戸東京博物館へご案内します。
　　　　Vi guiderò nel Museo Edo-Tokyo.
　　⑤ きょうの予定をご説明します。
　　　　Vi spiego il programma di oggi.

Questa forma si utilizza con i verbi del Gruppo III. Altri verbi che si possono utilizzare sono per esempio しょうかいします, しょうたいします, そうだんします, れんらくします. Eccezione a questa regola sono verbi come でんわします, やくそくします che vogliono お al posto di ご.

2) Forme umili particolari (cfr. Volume principale, Lezione 50, Esercizio A3)

Alcuni verbi hanno una forma umile particolare.
　　⑥ 社長の奥様にお目にかかりました。
　　　　Ho incontrato la moglie del presidente.
　　⑦ あしたはだれが手伝いに来てくれますか。
　　　……私が伺います。
　　　　Domani chi viene ad aiutare?
　　　……Vengo io.

2. 謙譲語Ⅱ (Forma umile II - verbi)

Utilizzata quando ci si rivolge in maniera rispettosa verso l'interlocutore, per descrivere un'azione compiuta dal parlante o da qualcuno a lui vicino.

⑧ 私は ミラーと 申します。　　　Io mi chiamo Miller.

⑨ アメリカから 参りました。　　　Sono venuto dagli Stati Uniti.

Nell'esempio ⑧ si utilizza もうします al posto di いいます, e nel ⑨ si usa まいりました al posto di きました, in questo modo il parlante descrive una propria azione esprimendo rispetto verso l'interlocutore.

Questo tipo di Forma umile include altri verbi come いたします e ［～て］おります．

監修　Supervisori
鶴尾能子（Tsuruo Yoshiko）　石沢弘子（Ishizawa Hiroko）

執筆協力　Collaboratori
田中よね（Tanaka Yone）　澤田幸子（Sawada Sachiko）　重川明美（Shigekawa Akemi）
牧野昭子（Makino Akiko）　御子神慶子（Mikogami Keiko）

イタリア語翻訳　Traduzione italiana
Edoardo Gerlini　今井弘美（Imai Hiromi）

本文イラスト　Illustrazioni
向井直子（Mukai Naoko）　柴野和香（Shibano Waka）　佐藤夏枝（Sato Natsue）

装丁・本文デザイン　Impaginazione e copertina
山田武（Yamada Takeshi）

みんなの日本語　初級Ⅱ　第2版
翻訳・文法解説　イタリア語版

2014年9月3日　初版第1刷発行

編著者　スリーエーネットワーク
発行者　藤嵜政子
発　行　株式会社スリーエーネットワーク
　　　　〒102-0083　東京都千代田区麹町3丁目4番
　　　　　　　　　　トラスティ麹町ビル2F
　　　　電話　営業　03(5275)2722
　　　　　　　編集　03(5275)2725
　　　　http://www.3anet.co.jp/
印　刷　倉敷印刷株式会社

ISBN978-4-88319-697-5 C0081
落丁・乱丁本はお取替えいたします。
本書の全部または一部を無断で複写複製（コピー）することは著作権法上での例外を除き、禁じられています。

みんなの日本語シリーズ

みんなの日本語 初級I 第2版

- 本冊(CD付) ……………… 2,500円+税
- 本冊 ローマ字版(CD付) …… 2,500円+税
- 翻訳・文法解説
  - 英語版 ………………… 2,000円+税
  - ローマ字版【英語】 ………… 2,000円+税
  - 中国語版 ……………… 2,000円+税
  - 韓国語版 ……………… 2,000円+税
  - ドイツ語版 …………… 2,000円+税
  - スペイン語版 ………… 2,000円+税
  - ポルトガル語版 ……… 2,000円+税
  - ベトナム語版 ………… 2,000円+税
  - イタリア語版 ………… 2,000円+税
  - フランス語版 ………… 2,000円+税
  - タイ語版 ……………… 2,000円+税
  - インドネシア語版 …… 2,000円+税
- 標準問題集 ……………… 900円+税
- 漢字 英語版 …………… 1,800円+税
- 漢字 ベトナム語版 …… 1,800円+税
- 漢字練習帳 ……………… 900円+税
- 書いて覚える文型練習帳 … 1,300円+税
- 導入・練習イラスト集 …… 2,200円+税
- 絵教材CD-ROMブック …… 3,000円+税

みんなの日本語 初級II 第2版

- 本冊(CD付) ……………… 2,500円+税
- 翻訳・文法解説
  - 英語版 ………………… 2,000円+税
  - 中国語版 ……………… 2,000円+税
  - ベトナム語版 ………… 2,000円+税
- 標準問題集 ……………… 900円+税
- 漢字練習帳 ……………… 1,200円+税
- 書いて覚える文型練習帳 … 1,300円+税
- 導入・練習イラスト集 …… 2,400円+税
- 絵教材CD-ROMブック …… 3,000円+税

みんなの日本語 中級I

- 本冊(CD付) ……………… 2,800円+税
- 翻訳・文法解説
  - 英語版 ………………… 1,600円+税
  - 中国語版 ……………… 1,600円+税
  - 韓国語版 ……………… 1,600円+税
  - ドイツ語版 …………… 1,600円+税
  - スペイン語版 ………… 1,600円+税
  - ポルトガル語版 ……… 1,600円+税
  - フランス語版 ………… 1,600円+税
  - ベトナム語版 ………… 1,600円+税
- 教え方の手引き ………… 2,500円+税
- 標準問題集 ……………… 900円+税

みんなの日本語 中級II

- 本冊(CD付) ……………… 2,800円+税
- 翻訳・文法解説
  - 英語版 ………………… 1,800円+税
  - 中国語版 ……………… 1,800円+税
  - ドイツ語版 …………… 1,800円+税
  - スペイン語版 ………… 1,800円+税
  - ポルトガル語版 ……… 1,800円+税
  - フランス語版 ………… 1,800円+税
- 教え方の手引き ………… 2,500円+税

スリーエーネットワーク

ホームページで新刊や日本語セミナーをご案内しております。
http://www.3anet.co.jp/